Schlagzeile Tutenchamun

Die publizistische Begleitung der Entdeckung und
der Ausräumung des Grabes von Tutenchamun

von

Anja Otto

Tectum Verlag
Marburg 2005

Umschlagabbildungen: Harry Burton, 1922 – 1926

Otto, Anja:
Schlagzeile Tutenchamun.
Die publizistische Begleitung der Entdeckung und
der Ausräumung des Grabes von Tutenchamun.
/ von Anja Otto
- Marburg : Tectum Verlag, 2005
ISBN 978-3-8288-8813-5

© Tectum Verlag

Tectum Verlag
Marburg 2005

Inhalt

I.	**Einleitung**	7
I 1.	Erste Schritte	8
I 2.	Zwei Männer treffen zusammen	10
I 3.	Carters erste Publikationen	10
I 4.	Die Suche beginnt	11
I 5.	Erfolg	12
II.	**Die Presse im Tal der Könige, die Vermarktung und die Folgen**	15
II 1.	Die Weltpresse am Nil	15
II 2.	Der erste Artikel in der *Times*	16
II 3.	Die Presse reagiert	19
II 4.	Chaos im Tal der Könige	19
II 5.	Das Tal der Könige in der *Times*	20
II 6.	Die Situation in der deutschen Presse	21
II 7.	Die Berichterstattung geht weiter	23
II 8.	Heimliche Besichtigung des Grabes	24
II 9.	Besucherströme und Journalisten im Tal der Könige	25
II 10.	Die Medienwirkung des Grabes und das exklusive Recht der *Times*	27
II 11.	Der Exklusivvertrag	28
II 12.	Die *Times* berichtet exklusiv	33
II 13.	Reaktionen der Presse auf den Exklusivvertrag	35
II 14.	Die Presse in Deutschland	40
II 15.	Fotos	42
II 16.	Film	44
II 17.	Die Vermarktung des Königs	45
III.	**Die Arbeiten am Grab gehen weiter**	49
III 1.	Fundteilung	49

III 2.	Was ist hinter der Wand?	51
III 3.	Der *National Geographic* vor Ort	52
III 4.	Immer mehr Schätze	54
III 5.	Die Besucher als Schlagzeile	55
III 6.	Leserbriefe	56
III 7.	Geschichtliche Debatten in den Zeitungen	57
III 8.	Die Grabungssaison geht zu Ende	58

IV. Ein Fluch für die Presse 61

IV 1.	Der Tod des Lord Carnarvon	61
IV 2.	Ein korrektes Ende	64
IV 3.	Ein Fluch?	64
IV 4.	Der Exklusivvertrag wird verlängert	67
IV 5.	Carters Plan	68
IV 6.	Die Weltpresse will das Monopol der *Times* stürzen	68
IV 7.	Spannungen zwischen Carter und der ägyptischen Regierung	69
IV 8.	Vordringen zum Sarg	70

V. Viele Probleme 72

V 1.	Exklusivvertrag, Besucher und Pressevertreter machen erneut Probleme	72
V 2.	Tagesberichte für alle Zeitungen	73
V 3.	Regierungsschikanen, das Monopol der *Times* bröckelt	75
V 4.	Die politische Situation im Land	76
V 5.	Eine neue Grabungssaison	77
V 6.	Die Rechtfertigung des *Times*-Vertrages	77
V 7.	Forderungen der Regierung	78
V 8.	Ein Journalist insistiert	80
V 9.	Die Regierung will alle publizistischen Rechte	81
V 10.	Neue Fundteilungsdiskussionen	82
V 11.	Zeitungsreaktionen auf die Regierungsprobleme und die Schreindemontage	82

V 12. Die Sarkophageröffnung ... 83
V 13. Ein verhängnisvolles Telegramm ... 87

VI. Ein Streik und seine Auswirkungen ... 89

VI 1. Die Gründe ... 93
VI 2. Die Grabungskonzession wird aufgehoben ... 95
VI 3. Einbruch ins Grab ... 96
VI 4. Das Grab wird wieder eröffnet ... 97
VI 5. Der *Times*-Vertrag wird nicht mehr verlängert ... 98
VI 6. Carter darf weiterarbeiten ... 99
VI 7. „Politics and Discoveries" ... 102

VII. Ausführliche Presseberichte in Deutschland ... 103

VII 1. „Die *Woche*" ... 103
VII 2. Die Gartenlaube ... 109
VII 3. Das Sonderheft der *Woche* ... 109

VIII. Ereignisse nach 1925 ... 115

VIII 1. Die Presse und die Mumie ... 115
VIII 2. „*Die Woche*" über die Sargeröffnung ... 116

IX. Die letzte Times-Notiz ... 120

IX. 1. Carters Nachlass ... 120

X. Mit Posaunen und Trompeten ... 121

XI. Schlusswort ... 122

Anhang ... 125
Literaturliste: ... 134

I. Einleitung

Erstaunliche archäologische Funde und Entdeckungen sind immer eine Sensation in den Medien. In den zwanziger Jahren des zwanzigsten Jahrhunderts, als es die Technik des Internets und der digitalen Datenübertragung noch nicht gab, waren es Zeitungen, die über solche Funde und ihre Sensationen berichteten. Das neu aufkommende Medium des Hörfunks steckte in dieser Zeit noch in den Kinderschuhen. Es war beispielsweise noch nicht in der Lage, live von Ereignissen zu berichten.

Einer der bedeutendsten und Aufsehen erregendsten Funde in der Welt der Archäologie und besonders in der Ägyptologie machten Howard Carter und Lord Carnarvon im Jahre 1922. Es handelte sich um die Entdeckung des Grabes von Pharao Tutenchamun im Tal der Könige, in Ägypten.

Dieses Ereignis, die Entwicklungen und Probleme, die es mit sich brachte, waren eng mit den Zeitungen verknüpft, die über diese Sensation berichteten. Befremdlich war, dass es durch einen Exklusivvertrag mit nur einer einzigen Zeitung, der Londoner *Times*, zu einer Situation kam, mit der die Welt nicht gerechnet hatte. Journalisten stellten sich gegen ihre Kollegen. Vertreter der *Times* standen gegen die Pressevertreter der restlichen Welt. Sie bekämpften sich mit allen Mitteln, denn Exklusivverträge in einer Welt, in der Wissenschaft und Medien aufeinander trafen, waren bis dahin unüblich.

Von Anschuldigungen und Beleidigungen bis hin zum Einbeziehen der ägyptischen Regierung war den Reportern (allen außer denen der *Times*) kein Weg zu schwer, um auch an die begehrten Informationen aus dem Tal der Könige, vom „goldenen Pharao", zu gelangen.

Eine genaue Untersuchung dieses Medienereignisses liegt bis jetzt noch nicht vor. Arnold Brackmann, dessen Buch auch als Literaturgrundlage dieser Arbeit diente, untersuchte einige Aspekte, vernachlässigte aber im großen Stil die deutsche Presse und wob die Unterschiede zwischen den Artikeln der Londoner *Times* und der restlichen Weltpresse lediglich in Auszügen ein.

Diese Arbeit versucht daher die Situation zwischen 1922 und 1932 darzustellen, wie sie sich den Ausgräbern, der Londoner *Times*, der deutschen und der restlichen Weltpresse darbot. Die geschichtlichen Ereignisse, den Fund betreffend, werden auch beleuchtet. Carter schrieb mit der Entdeckung des Grabes Geschichte und die Medien berichteten darüber, werteten aus oder griffen den Fund oder die Absichten der Ausgräber an.

Es soll auch versucht werden auf Erscheinungen einzugehen, die für die Zeitungen, die keinen Exklusivvertrag hatten, einige Schlagzeilen wert waren. Die Gerüchte um einen Fluch etwa waren so hartnäckig, dass sie sich in einigen Bereichen bis heute gehalten haben. Von Wichtigkeit sind auch die Streitigkeiten zwischen den Ausgräbern und der ägyptischen Regierung, die sich bis zu einem Streik entwickelten.

Für die Weltpresse und die *Times* bedeuteten gleiche Themen unterschiedliche Schlagzeilen, da die *Times*, privilegiert durch den Exklusivvertrag, als eine Art PR-Agentur für die Ausgräber fungierte. Des Weiteren soll am Beispiel der deutschen Zeitschrift die *Woche* klar gemacht werden, welche Auswirkungen die Urheberrechte der *Times* auf dieses Druckerzeugnis hatten. Auch ist eine Analyse der Artikelinhalte der *Woche* im Vergleich mit anderer Weltpresse interessant.

Gegenstand dieser Arbeit soll sein, wie sich die Begebenheiten einer wissenschaftlichen Ausgrabung der Presse darboten und wie darüber berichtet wurde. Der Aspekt des Exklusivvertrages mit der *Times*, der sich zu dem größten Problem der restlichen Weltpresse und der Ausgräber entwickelte, wird auf seine Gründe und die Auswirkungen hin untersucht. Es soll auch beleuchtet werden, wie die übrige Presse über den Fund berichtete und welche Folgen der Exklusivvertrag und der Tod von Lord Carnarvon auf die Medien hatte.

Der tote König Tutenchamun wurde zu einem Medienereignis. Wissenschaft und Presse trafen zum ersten Mal in einer Art aufeinander, die es vorher nicht gegeben hatte. Die Öffentlichkeit begann sich für eine ganz besondere Wissenschaft zu interessieren und verlangte nach allen Informationen, die sie bekommen konnte.

Die Arbeit beleuchtet die Entdeckung und die Ausräumung des Grabes von Pharao Tutenchamun.

I 1. Erste Schritte

Howard Carter wurde am 07. Mai 1874 in London geboren. Sein Vater war Zeichner für die Londoner *Illustrated News*. Ohne Zweifel erbte Carter dieses Talent, das ihn später nach Ägypten führte.

Im Frühjahr 1892 kam Carter nach Ägypten. Einige Zeit später suchte der Archäologe Flinders Petrie einen Zeichner für seine Ausgrabungen und stellte Carter ein.

Carter besichtigte und kopierte Inschriften an Stelen, die König Echnaton als Grenzsteine hatte anlegen lassen.

In einem Bericht von Petrie für den Londoner *Daily Graphic*, der am 23. März 1892 erschien, zeichnete Carter Skizzen der beschriebenen Objekte. Eine Zeichnung zeigte den Eingang des Grabes von Echnaton in Amarna, die andere ein Relief, das im Grab gefunden wurde. Auf dem Grabrelief sah man Echnaton, wie er um seine verstorbene Tochter weinte. So trat der angehende junge Archäologe zum ersten Mal an das Licht der Öffentlichkeit.[1]

Carter lernte bei seinem strengen Lehrmeister Petrie viel über Archäologie. Er grub hier kaum aus, fertigte eher Zeichnungen und Skizzen von Gräbern und der

---

1   Vgl. Carter, Howard, „Tut-Ankh-Amen, The Politics of Discovery", Libri Publications Ltd, London, 1998 S. 48 und Reeves, Nicholas, Taylor, John H., „Howard Carter - Before Tutankhamun", British Museum Publications Ltd., 1992 "Before Tutankhamen", S. 40

Gegend an. Zu dieser Zeit wurden von ihm auch schon Aquarellzeichnungen in Fachzeitschriften veröffentlicht.

Carters Weg führte ihn im Jahr 1899 nach Theben, wo man ihn zum Inspektor der Altertümer im Bezirk von Theben ernannte.[2] Er genoss durch diese Ernennung nicht unbedingt Ansehen bei seinen Kollegen. Carter hatte nichts anders vorzuweisen als sein Zeichentalent. Er hatte keine höhere Schule oder eine Universität besucht. Seine schlechten Manieren und sein Temperament machten es ihm nicht leicht, sich mit anderen Archäologen anzufreunden. Man darf nie vergessen, dass er auf dem Gebiet der Ägyptologie Autodidakt war. Carter hatte aber bei einem der ungnädigsten Lehrer, Flinders Petrie, die Archäologie erlernt.

Die Jahre als Inspektor erlaubten es ihm auch, Grabungen vorzunehmen. Seine erste eigenständige Grabung nahm Carter nicht im Tal der Könige, sondern in der Ebene von Deir el-Bahari vor. Gaston Maspero (Dirktor des Antikendienstes) erlaubte Carter hier ein Loch zu untersuchen, in das einst sein Pferd eingebrochen war. Carter war enttäuscht, als er feststellte, dass er kein unberührtes Grab aufgespürt hatte. Immerhin jedoch war dies sein erstes Kenotaph (Scheingrab), das er entdeckte.[3]

Kurz darauf versuchte Carter den reichen Geschäftsmann Theodore Davis kennen zu lernen, der die Konzession für das Tal der Könige innehatte. Es gelang ihm, und so hatte er die Möglichkeit, die Arbeiten im Tal zwischen 1903 und 1904 zu beaufsichtigen, wenn er auch selbst noch nicht graben durfte.

1906 fand Edward Ayrton, der Ausgräber und Archäologe der für Theodore Davis arbeitete, eine blaue Keramiktasse im Tal. Ein Fund, der Carters Schicksal bestimmen sollte, denn auf der Tasse stand der Name des Tutenchamun. Im Dezember 1907 entdeckte Ayrton dann eine Grube, fünf Fuß tief, in der sich Reste einer Totenfeier befanden, Essensreste und Keramikgefäße. Davis war überzeugt, das war alles, was man noch von Tutenchamun finden würde. Carter war anderer Meinung. Er glaubte fest daran, dass es noch unentdeckte Gräber im Tal gab.

Davis erlaubte ihm später sogar selbst, Ausgrabungen im Tal vorzunehmen. Im Hinterkopf hatte Carter immer den Wunsch, das geheimnisvolle Grab des noch viel mysteriöseren Pharaos Tutenchamun zu finden. Gegen Davis Meinung, alle Gräber seien gefunden worden, bewies Carter, dass dem nicht so war. Carter fand nämlich das Grab von Pharao Thutmosis IV. Er machte damit deutlich, dass er von seinen Fähigkeiten und seinem Temperament her genau der Richtige für solche Arbeiten war.

Das gefundene Grab war zwar schon im Altertum ausgeraubt worden, enthielt aber immer noch einige Antiquitäten. Bei der offiziellen Eröffnung gestaltete Carter das Grab für die Gäste sehr komfortabel und derart, dass der Inhalt möglichst keinen Schaden nahm. Er installierte elektrisches Licht, das für ein neu

---

2   Vgl. James, T.G.H (Texte), Accomazzo, De Fabianis, Manferto (Hrsg.), "Tutenchamun" Karl Müller Verlag, Köln, 2000, S. 48
3   ebd., S. 56

entdecktes Grab beinahe an unerhörten Luxus grenzte. Die Presse war an diesem Fund nicht interessiert, da das Grab bereits ausgeraubt war.

Als Carters Posten 1904 von James Edward Quibell neu besetzt wurde, ernannte ihn Gaston Maspero zum Direktor der Grabungseinheiten in Unterägypten. Carter war nicht gerade erfreut, hatte er doch die letzten zehn Jahre im Tal der Könige verbracht und musste nun zu den Pyramiden, die ihn nicht sehr interessierten.

I 2. Zwei Männer treffen zusammen

Lord Carnarvon, Abenteurer und Aristokrat, verbrachte einige Genesungsurlaube in Luxor. Bald war es ihm aber zu langweilig, er hatte nichts zu tun. Er beschloss, sein Geld in Ausgrabungen zu investieren. Bereits 1907 nahm er bescheidene Grabungen vor, die von Arthur Weigall, dem damaligen Chefinspektor von Oberägypten, beaufsichtigt wurden. Carnarvon gelangte aber schon früh zu der Erkenntnis, dass Reichtum allein keinen guten Ausgräber aus ihm mache. Er beschloss also, die Hilfe eines erfahrenen Mannes in Anspruch zu nehmen. Seine Wahl fiel auf Howard Carter. Carter hatte sich derweil die Umgangsformen seiner reichen Ausgräberkollegen angenommen. Aus diesem unreifen jungen Mann war jetzt ein Gentleman geworden. Als solcher passte er auch exakt zur Lebensweise von Lord Carnarvon, der keinen Gefallen an Unbequemlichkeit und Entbehrungen fand.

I 3. Carters erste Publikationen

1909 finanzierte der Lord eine Ausgrabung in Dra Abu'l Naga, einer Nekropole auf der Westseite des Nils, in der Nähe des Tals der Könige. Hier fand Carter ein leeres Grab, das für das von Amenhotep I., dem zweiten Herrscher der 18. Dynastie, gehalten wurde. Ein Glücksfall, der sich auch in einem Bericht aus dem Jahre 1914, den Carter für das *Journal of Egyptian Archaeology* schrieb, so las.

> „Der Eingang war unter einem großen Felsbrocken verborgen und der Schutt sammelte sich unter dem Felsen in einer kleinen Regenrinne."[4]

Es war nicht so leicht und ein wirkliches Glück, dieses Grab gefunden zu haben. In dieser Zeitschrift, dem *Journal of Egyptian Archaeology,* veröffentliche Carter noch einige andere Artikel über die Funde an diesem Ort.

1912 wurde die Qualität der gefundenen Stücke in dieser Nekropole immer schlechter. Carnarvon wollte nun woanders graben. Carters Augenmerk lag nach wie vor auf dem Tal der Könige, aber der siebzigjährige Theodore Davis hatte immer noch die Konzession. Erstaunlich, aber Davis gab genau zu diesem Zeit-

---

4   Brackmann, Arnold C., „Das Grab des Tutenchamun und seine Entdeckung", Gustav Lübbe Verlag GmbH, Bergisch Gladbach, 1978, S. 83

punkt seine Konzession auf. Seine Gesundheit war stark angeschlagen. Vor allem aber war er der Meinung, wie auch Maspero, dass es im Tal der Könige nichts mehr zu entdecken gab. Carter konnte Carnarvon aber dennoch davon überzeugen, dass das Tal vielleicht doch noch Geheimnisse bergen würde.

1912 erschienen einige Publikationen über Tutenchamun. Sie bewiesen immerhin, dass es diesen König wirklich gab, und dass sein Grab vielleicht noch nicht gefunden worden war. Carter war sich sicher, dass er kein Phantom suchte. Sein Ehrgeiz, diesen König zu finden, wurde dadurch geschürt.

1914 bekam er endlich die langersehnte Konzession für das Tal. Durch den Ausbruch des ersten Weltkrieges wurde Carter aber vorerst gestoppt. Es war ihm klar, dass er in dieser Zeit nichts im Tal unternehmen konnte. Er blieb in Ägypten, um die Konzession nicht zu verlieren und nahm kleine Arbeiten an, die sich ihm boten.

I 4. Die Suche beginnt

Die Wissenschaft der Ägyptologie musste in den Jahren nach dem ersten Weltkrieg um Aufmerksamkeit und um das Überleben kämpfen. Eine bedeutende Entdeckung hätte diesen Forschungszweig interessanter gemacht. Noch 1921 hatte die Egypt Exploration Society in ihrem Jahresbericht bedauert, es sei fast unmöglich, die allgemeine Öffentlichkeit für Archäologie, vor allem für ägyptische Archäologie zu interessieren.[5]

1917 nahm Carter die Arbeiten für Carnarvon wieder auf. Er begann endlich, im Tal zu graben.

Nach fünf Jahren erfolgloser Grabungen im Tal der Könige, auf der Suche nach dem Grab des Tutenchamun, gingen dem Lord langsam die finanziellen Mittel aus. Er bestellte Carter zu sich und teilte ihm mit, dass es nicht mehr möglich und vor allem nicht mehr rentabel sei, weiter im Tal nach einem Grab zu suchen. Carter, niedergeschmettert von der Ansicht seines Geldgebers, versuchte ihn zu überzeugen und schaffte es. Für eine weitere, eine letzte Saison, erwarb der Lord die Grabungskonzession und Carter machte sich daran, das Tal 1922, in der Hoffnung nach irgendeinem Fund, noch ein letztes Mal zu durchsuchen.

Es war ein etwa dreieckiges Stück Land, das man untersuchen wollte. Die Begrenzungspunkte waren die Gräber von Ramses I., Ramses V. und Merenptah. 1907 hatte Ayrton hier bereits die Reste der Begräbniszeremonie für Tutenchamun gefunden.

---

5   Vgl. Wettengel, Wolfgang, (Hrsg.) „Mythos Tutanchamun", Nördlingen 2000, S. 32

15. Erfolg

Am Morgen des vierten November 1922 fand ein einheimischer Mitarbeiter des Grabungsteams eine Treppenstufe, die in den Fels gehauen war. Die Helfer und Vorarbeiter empfingen Carter, wie er später beschrieb, mit eindrucksvollem Schweigen. Etwas Besonderes war geschehen. Carter legte die gesamte Treppe frei und hatte somit das gesuchte Grab gefunden. Zu dieser Zeit war Carnarvon nicht in Ägypten und so schrieb Carter ein Telegramm:

„At last have made wonderful discovery in Valley; a magnificent tomb with seals intact; re- covered same for you arrival; congratulations."[6]

Das Finden des Grabes war das Ereignis in der Geschichte der Entdeckungen des alten Ägypten. Die Ruhestätte war die kleinste, die man je im Tal gefunden hatte. Es ist kaum zu glauben, aber dieses kleine Grab von einem recht unbedeutenden Herrscher, der zudem auch noch in seinem achtzehnten Lebensjahr verstarb, sollte das berühmteste und faszinierendste Grab im Tal der Könige und in ganz Ägypten werden.

Zu der Zeit, als Carter das Grab entdeckte, wurde sein Foto in der *Norfolk Newspaper* veröffentlicht. Es zeigte ihn 1891 als Achtzehnjährigen, während seines ersten Besuchs in Ägypten. Hier sah man das Bild eines sehr jungen Mannes, dem man bis dato und auch anhand des Fotos, einen solchen Fund nie zugemutet hätte.

Die Entdeckung des Grabes war das sensationellste Ereignis für die Öffentlichkeit. Sie ließ den Menschen einen wohligen Schauer über den Rücken laufen, während diese die Suchaktion und dann die Ausräumung des Grabes verfolgten. Für Journalisten aus aller Welt war es das Medienereignis schlechthin. Die Leidtragenden dieses unglaublichen Interesses wurden bald die Ausgräber selbst. Jedes Stadium der Grabung wurde mit größter Aufmerksamkeit verfolgt und dadurch meist gestört.

Allgemein betrachtet wurde die Ausgrabung zum Inbegriff jeder Vorstellung von Ägyptenexpedition in Filmen, Romanen, Kunstwerken, sogar in der Mode und der Architektur.

Durch die Presseberichte, die Besucher am Grab und die Grabbeigaben die geborgen wurden, brach in den zwanziger Jahren ein regelrechtes „Tutenchamun-Fieber" aus. Tutenchamun wurde zum berühmtesten Pharao und seine Grabbeigaben zum Inbegriff des Reichtums eines Landes, einer untergegangenen Zivilisation, dieser Hochkultur, in der jeder nun einen Teil von dem abhaben wollte, was er in den Zeitungen sah. Durch die Zeitungsartikel und Presseberichte konnte nun jeder in die Welt vor mehr als 3300 Jahren eintauchen.

Das Interesse der Menschen an diesem Fund hätte normaler Weise im Laufe der Zeit nachlassen müssen, doch dem war nicht so. Die Geschichte um die Ent-

---

6   Frayling, Christopher, „The Face of Tutankhamun", Faber and Faber Limited, London, 1992, S. 102

deckung, die Berichte und die teilweise ernüchternden, aber im ägyptischen Umfeld geheimnisvoll anmutenden Dinge interessierten und faszinierten jeden.

Zuerst glaubten die Entdecker, Aladins Höhle gefunden zu haben. Später stellte sich aber heraus, dass sie Nemesis, die griechische Rachegöttin, fanden. Dennoch war es ein einzigartiger Fund.

Zu Beginn war es an den Ausgräbern, die Treppenstufen frei zu legen und in das Grab einzudringen. Niemand wusste, was sie erwarten würde. Am Sonntag, dem 26. November, notierte Carter relativ trocken in sein Tagebuch:

„Zweiten Durchgang um ca. zwei Uhr nachmittags geöffnet."[7]

Um diese Notiz und die Entdeckung der so genannten Vorkammer rankten sich bald Legenden.

Carter verfasste einen dreibändigen Entdeckungsbericht, von dem der erste schon 1924 erschien. Aus dieser kurzen Notiz wurde in dem ersten Band eine romantische Verklärung, die ein wenig an die Märchen aus 1001 Nacht erinnerte. Es war zu lesen:

„Der entscheidende Augeblick war gekommen. Mit zitternden Händen machte ich eine kleine Öffnung in der linken oberen Ecke. [...] Dann erweiterte ich das Loch, führte eine Kerze hindurch und späte hinein. [...] Zuerst konnte ich nichts sehen, da die aus der Kammer entweichende heiße Luft das Licht der Kerze zum Flackern brachte. Als meine Augen sich aber an das Licht gewöhnten, tauchten bald Einzelheiten aus dem Inneren der Kammer aus dem Nebel auf, seltsame Tiere, Statuen und Gold - überall glänzendes, schimmerndes Gold! Für den Augenblick - den anderen, die neben mir standen, muss es wie eine Ewigkeit erschienen sein - war ich vor Verwunderung stumm. Als Lord Carnarvon die Ungewissheit nicht länger ertragen konnte und ängstlich fragte: Können Sie etwas sehen, war alles, was ich herausbringen konnte: Ja, wunderbare Dinge!"[8]

Die Mystik um das Grab war geboren. Den Zeitungen, besonders der *Times*, waren diese Ereignisse im Tal der Könige nicht entgangen. In einem Interview mit der Londoner *Times* äußerte sich Lord Carnarvon ein wenig anders zu den Ereignissen der Vorkammerentdeckung. Carnarvons Version war nicht so blumig und überschwänglich, wie die Carters.

"Mr. Carter [...] did not say anything for two or three minutes, but kept me in rather painful suspense. I thought I had been disappointed again, and I said, Can you see anything? Yes, yes, [...] It is wonderful."[9]

---

7 Vgl. Wettengel, S. 24
8 Wettengel, S. 24
9 Frayling, S. 4

In dem Interview verglich der Lord die Stücke in dem Grab nicht mit anderen ägyptischen Funden, sondern mit modernen, täglichen Dingen. Er sagte, dass sich im Grab hübsche Kleidung, schöne Möbel und teure Juwelen befinden würden.

Durch seine Aussagen, die in der *Times* 1922 zu lesen waren, wurde die Neugier der Öffentlichkeit bestärkt. Viele Menschen wollten nun mehr von dem wissen, was in diesem Tal vorging. Plötzlich war etwas passiert, das sich weder Carter noch Carnarvon jemals gedacht hätten, das Grab und sie standen im Licht und im Mittelpunkt der Weltöffentlichkeit und eines Interesses, das enorm war. Carter sah es bereits kommen, dass keine Macht auf der Welt, die beiden aus dem Licht der Öffentlichkeit herausdrängen könne.

Plötzlich hatten sie es mit Pressevertretern zu tun, die mit jeder möglichen Neuigkeit versorgt werden wollten. Ein Problem, das, wenn die Arbeiten am Grab weitergehen sollten, nicht zu bewältigen schien. Die beste Lösung wäre gewesen, jeden Tag einen anderen Pressevertreter in das Grab zu bitten, und so sie Pressewelt zufrieden zu stellen. Carnarvon und Carter entschieden sich aber ganz anders.

II. Die Presse im Tal der Könige, die Vermarktung und die Folgen

II 1. Die Weltpresse am Nil

Die Weltpresse versammelte sich am Nil. Arthur Mace, Mitglied in Carters Grabungsteam und Mitverfasser des ersten Bandes seines Entdeckerberichts, sagte einmal zu seiner Frau Winifred, dass das Winter Palace Hotel ein einziger Schrei wäre. Niemand rede über etwas anderes, als über das Grab. Die Reporter wirbeln herum, nicht ohne sich vorher vergewissert zu haben, dass niemand mithören könne. Archäologie plus Journalismus sei schlimm genug, wenn aber noch Politik ins Spiel käme, sei es ein bisschen zu viel.[10]

Carter hatte noch damit zu tun, sein Team von Experten zusammenzustellen, die ihm helfen sollten, die Funde zu fotografieren, zu bergen und zu konservieren. Er traf eine Auswahl der besten Experten, die man damals engagieren konnte.

Im Herbst 1922 schrieb der *Daily Express*:

„Tutankamun Ltd.: the presentation of this spezialized material to the non-spezialized world."[11]

Kurz nach dem bekannt wurde, dass im Tal ein solcher Fund gemacht wurde, fiel eine Schar von Reportern über das Grab her, die nicht nur Seriöses berichteten, sondern auch übelste Gerüchte in die Welt setzten. Einige Ondits sagten, dass alle Goldfunde in Kisten verpackt und mit Flugzeugen eiligst weggeschafft worden seien.

Das Büro der Eastern Telegraph Company in Luxor wurde mit Aufträgen der Reporter überschwemmt. Vorher hatte es nur die bescheidene Touristenkorrespondenz zu erledigen, jetzt platzte es aus allen Nähten.

Um den Gerüchten Einhalt zu gebieten, entschlossen sich Carter und Carnarvon das Grab am 29. November 1922 offiziell zu eröffnen. Ohne es zu realisieren, verschlechterten sie durch eine ganz bestimmte Handlung ihre Situation.

Zur Eröffnung waren britische und ägyptische Amtspersonen eingeladen, doch nur ein Pressevertreter: Arthur Merton, der Leiter des Kairoer Büros der Londoner *Times* und ein persönlicher Freund von Carter. Kein einziger einheimischer Journalist wurde über diesen Fund auch nur informiert.

Aus den Aufzeichnungen von Charles Breasted[12] ging hervor, dass Carnarvon nur den Herren der *Times* einladen wollte, wohingegen Carter zu einer allgemeinen Einladung der ägyptischen und der ausländischen Presse neigte. Es war aber

---

10 Vgl. Reeves, „The complete Tutankhamen", S. 64
11 Frayling, S. 10
12 Sohn des Gründers des „Oriental Institutes" der Universität von Chicago Prof. James Henry Breasted. Charles war Sekretär seines Vaters und später auch Journalist.

nur der Herr von der *Times* anwesend und so fand sich der erste Bericht über den Fund in der *Times*.

Am 30. November 1922 erschien der erste Artikel mit der Überschrift „An Egyptian Treasure." Darunter las man: „Great Find At Thebes, Lord Carnarvon's Long Quest." Der Artikel wurde „From our Cairo Correspondent" vom „Valley of the Kings by runner to Luxor", der *Times* am Tag der offiziellen Eröffnung übermittelt und am nächsten Morgen abgedruckt.

Der Chefkorrespondent der *New York Times,* A. H. Bradstreet, bekam einen Wutanfall, als er erfuhr, dass die Londoner *Times* ihm diesen Bericht weggeschnappt hatte.

II 2. Der erste Artikel in der *Times*

Der *Times*-Artikel war relativ lang. In der Mitte war eine kleine Landkarte abgedruckt, damit die Leser einzuschätzen vermochten, an welcher Stelle von Ägypten Luxor, bzw. das Tal der Könige in Theben, liege. Nach Merton war die Entdeckung die größte archäologische Entdeckung dieses Jahrhunderts. Die beiden Ausgräber waren natürlich namentlich genannt. Danach wurde kurz auf Tutenchamun und seinen geschichtlichen Kontext mit Echnaton eingegangen. Dieser wurde korrekt in die 18. Dynastie eingeordnet. Darauf wurden Carter und Carnarvon gelobt, denn sie hatten das Grab nur gefunden, weil sie jahrelang mit Geduld im Tal gegraben hätten.

„The remarkable discovery announced to-day is the reward of patience, perseverance, and perspicacity."[13]

Interessant war hier die Formulierung, dass die Ankündigung, ein Grab im Tal der Könige gefunden zu haben, an diesem, dem gleichen Tag, stattfand. Das konnte natürlich keine andere Zeitung von sich behaupten, da die anderen Reporter keine Freunde von Carter waren und nicht direkt bei der Eröffnung dabei gewesen waren. Spekulationen, die danach in Luxor laut wurden, wurden im Artikel angefügt. Wäre es möglich, dass man in dem Grab einige, in den Annalen noch fehlende Könige finden würde, oder war es eine Grabkammer einer Königin oder eines Mitgliedes der königlichen Familie? Das schien Merton Spaß zu machen, denn er, als Einziger der mehr Wissen hatte, wusste genau, was auf dem Siegel an der Tür zur Grabkammer stand. Er hatte daher Gewissheit, während die anderen noch rätselten. Weiter wurde beschrieben, wie man in die Grabkammer gelangte. Für den Autor ein Erlebnisbericht:

„The sealed outer door was carefully opened; then a way was cleared down some sixteen steps along a passage of about 25 feet."[14]

---

13 *The Times*, 30. November 1922
14 ebd.

Der Artikel war durch Zwischenüberschriften unterteilt. „The Treasure Within" war die nächste Überschrift. Darunter folgte die Beschreibung der Funde in der Vorkammer, die den Autor besonders faszinierten, so z. B. Skulpturen und Betten aus vergoldetem Elfenbein und Ebenholz. Unter der Zwischenüberschrift „Four Chariots" beschrieb Merton dem Leser die Streitwagen, die sich in der linken Ecke der Vorkammer, gleich neben der Tür befanden. Da die Anzahl der Funde unglaublich hoch war, schrieb er weiter über fast alles, was sich in der Vorkammer befand.

> „There were also some exquisite alabaster vases with very intricate and unknown design, all of one piece, and some handsome blue Egyptian faience and enormous quantities of provisions for the dead, comprising trussed duck, launches of venison [...] and one of the boxes contained rolls of papyri, which are expected to render a mass of information."[15]

Merton schrieb über Papyri mit den entscheidenden Hinweisen auf die Amtszeit und die Regierung von Tutenchamun, etwas dass Carter auch zu finden glaubte. Das, was sich Wissenschaftler und wohl auch Carter erhofften, fehlte leider völlig. Aber zu diesem Zeitpunkt dachte Merton nicht daran, dass auch er nur einer Spekulation erlegen war.

Die letzte Überschrift lautete: „A Confused Pile" und beschrieb das kleine Chaos in der Seitenkammer. In Mertons Bericht konnte man Verblüffung herauslesen, dass man solche Dinge einfach, so schien es nicht nur den Ausgräbern, übereinander geworfen hatte.

> „Here furniture, gold beds, exquisite boxes, and alabaster vases similar to those found in the first chamber were piled high one on top of the other, so closely packed that it has been impossible to get inside yet."[16]

Merton berichtet, dass die Funde alle präpariert werden müssten und hoffte, dass unter der Regie von Carter vieles vor dem Verfall gerettet werden könne. Der Autor wusste ganz genau was Carter vorhatte, und dass er die besten Experten auf diesen Gebieten engagiert hatte.

Merton war unumstößlich als Einziger richtig nah an der Quelle.

Andere Personen, die bei der offiziellen Eröffnung anwesend waren, wurden auch in dem Artikel genannt. Danach folgte aber sofort, dass das Grab definitiv beraubt worden sei. So setzte die *Times* Carters Anliegen in die Welt und wurde zu einer Art PR-Maschinerie für ihn und den Lord. Der Autor betonte, dass das Grab nur eine Art Sammelplatz für Dinge wäre, damit Diebe sie nicht aus der

---

15   ebd.
16   ebd.

eigentlichen Grabkammer stehlen könnten. Der Reporter wurde in diesem Punkt besonders zum PR-Agenten für Carter, denn beraubt wurde das Grab nie, aber dennoch schrieb er:

„[...] whatever the chambers may have contained originally, their contents to-day are sufficient cause for sensation in the Egyptological world. [...] The discovery will probably rank as the most important of modern times."[17]

Im Folgenden äußerte Merton die Hoffnung, dass man durch den Fund mehr über die 18. Dynastie wissen würde, wenn man alles untersucht hätte. Vielleicht würde sich auch das Verhältnis zwischen Echnaton, Semenchkare und Tutenchamun klären. Waren sie Co-Regenten oder nicht? Die geschichtlichen Hintergründe, die Abkehr von Echnatons Gott Aton zurück zum Gott Amun wurden hier gleich sehr kurz anhand der Funde erklärt.

„Scenes and inscriptions upon his funeral furniture depict the king under both religions, first under the Aten faith, when he was named Tutankaten [...] and secondly, in Theban style, under Amen worship, where he calls himself Tutankhamen [...]"[18]

Die Eröffnung des Grabes war am gleichen Tag, an dem der Artikel geschrieben wurde. Nach so einer kurzen Zeit solche Aussagen machen zu können zeigte, dass der Autor bereits viel Hintergrundwissen bekommen hatte. Nur so war es ihm möglich, solche präzisen Angaben über dieses mythologische und komplizierte Thema zu machen.

Er sprach am Ende noch von einer dritten Kammer, vor der mannshohe Wächterstatuen standen. Vielleicht war es doch ein Grab, in dem womöglich sogar Tutenchamun oder auch Mitglieder seiner Familie zu finden seien. Merton machte es geschickt, dass er diesen Umstand erst am Ende erwähnte. Der Leser musste so künftig die *Times* kaufen um zu wissen, wie es weitergehen würde. Da Merton ihm so viel über die Schätze berichtet hatte, musste die Spannung gewahrt bleiben. Obgleich Carter, Carnarvon und seine Tochter wussten, was sich hinter der Wand befand, erfuhr es der Reporter der *Times* nicht.

Der Lehrmeister von Carter schrieb an diesem Tag ebenfalls einen Artikel in der *Times*. Unter dem Bericht von Merton bestärkte Petrie die Leserschaft, dass sich niemand Gedanken machen solle, dass hier unerfahrene Männer am Werk seien. Carter hätte ausreichend Erfahrung, um den Wert der Funde richtig einzuschätzen, und sie mit großer Sorgfalt zu behandeln. Petrie stützte auch Mertons geschichtliche Zusammenhänge, in dem er noch einmal auf Echnaton und den Gott Aton einging, hatte er doch selber in Amarna, Echnatons Hauptstadt, gegraben.

---

17   ebd.
18   ebd.

Die Einschätzung Petries war etwas Besonderes. Normalerweise meldeten sich namhafte Wissenschaftler nicht zu einem solch frühen Zeitpunkt, jedenfalls nicht in der *Times*. Sie traten später auf den Plan, um den Fund einzuschätzen. In diesem Moment war das Grab lediglich eröffnet. Man konnte die Dinge nur in Augenschein nehmen. Aber da Petrie Carter kannte, unterstützte er, wissend oder nicht, die Aufgabe der Zeitung als PR-Agent für die Ausgräber.

II 3. Die Presse reagiert

Die Schlagzeile der offiziellen Eröffnung des Grabes war der britischen Nachrichtenagentur *Reuters* entgangen. Wie sollten sie auch davon wissen, da nur ein Reporter der *Times* anwesend war. Sofort aber am nächsten Tag beschrieb Reuters diese Entdeckung als unvorstellbar. Es wurden Ägyptologen herangezogen, die dazu beitragen sollten, die verspätete Meldung abzuschwächen, indem sie den Inhalt des Grabes als jenseits aller Träume beschrieben.[19]

Die *American Associated Press* schrieb über den Fund, er sei der sensationellste in der Geschichte der Ägyptologie.

Verständlich, dass sich nach diesen Meldungen kein Journalist mehr in seinem Land halten konnte und ins Tal der Könige stürmte. Die zwei Hotels in Luxor waren schnell überfüllt. Man musste vor dem Hotel sogar Armeezelte aufstellen, um all die Reporter unterbringen zu können.

Der Londoner *Daily Telegraph* verglich die Vorgänge am Nil, in Luxor, mit einem Pferderennen in England. Am 25. Januar 1923 konnte man lesen, dass die, durch die Felsenschlucht führende schmale Straße verstopft sei von einer unüberschaubaren Menge von Fahrzeugen und Tieren. Die Fremdenführer, Eseltreiber, Souvenirhändler und Limonadenverkäufer würden durcheinander schreien und gute Geschäfte machen. Weiter hieß es, nachdem die Tagesarbeit in dem Grab beendet war, begann ein Wettrennen der Zeitungskorrespondenten auf Eseln, Pferden, Kamelen und Sandkarren durch die Wüste zum Nilufer, um als erster das Telegraphenbüro zu erreichen.[20]

II 4. Chaos im Tal der Könige

Im Januar 1923 wurde das Chaos vor dem Grab komplett. Carter wurde von der Presse regelrecht belagert. Die Telefonleitungen reichten bald bis ins Innere des Grabes.[21] Zum ersten Mal in der Geschichte der Archäologie wurde jede Phase der Ausgrabung, jedes Objekt fotografiert und gefilmt.

Das Interesse der Weltpresse wurde genau genommen erst durch den Timesreporter Merton geweckt. Der Umstand, dass er bei der Eröffnung der einzige

---

19 Vgl. Brackman, S. 120
20 Vgl. Brackman, S. 121 und Hoving, Thomas, "Der Goldene Pharao Tut- ench- Amun", Droemersche Verlagsanstalt Th. Knaur Nachf., München/ Zürich, 1978, S. 128
21 Vgl. Hoving, S. 7

Journalist im Grab war, und das die *Times* den ersten Artikel darüber brachte, rief die anderen Berichterstatter auf den Plan.

Die *New York Times* war zwar nicht die erste Zeitung, die über das Grab schrieb, und diesen Umstand bedauerte sie mehr als alles andere, brachte aber am 01. Dezember 1922, ihren Artikel. „Gem-studded relics in Egyptian tomb amaze explorers" lautete die Überschrift. Am nächsten Tag las man dann: „Recent find in Egypt valued at [Pfund] 3,000,000" und am 04. Dezember:

> „Americans going to Egypt can see the great discovery at Thebes... it intrinsic value of which is estimated at $15,000,000."[22]

Im Hinblick auf die konservierten Grabbeigaben, schrieb die *Daily Mail* kurz darauf:

> „The finding of canned beef 3,350 years old in Tutankhamun's tomb is admitted by cold-storage experts to be a record. Mr. Raymond, [...] says the record, so far as cold storage is concerned in this country, stand at eighteen years."[23]

II 5. Das Tal der Könige in der *Times*

Die *Times* berichtete nun täglich vom Grab, ließ Experten zu Wort kommen und brachte Carnarvon glorreichen Ruhm. Am 01. Dezember 1922 schrieb Sir Wallis Budge, Verwahrer der Ägyptischen und Assyrischen Antiquitäten im Britischen Museum London einen Tribut, eine Lobeshymne für Carnarvon. Es hieß zum Beispiel, dass die Leistungen und die Anstrengungen, die unternommen wurden, um das Grab zu finden, enorm waren. Auch Howard Carter bekam Lob, da er es doch schließlich war, der das Grab fand. Dieser Artikel ging über zwei lange Spalten und enthüllte dem Leser das, was ein wahrer Gentleman und Ausgräber war: Er war wie Carnarvon.[24] Einen Tag später erschien ein Foto. Es zeigte Carter und Lady Evelyn, die Tochter von Carnarvon an einer unbedeutenden Stelle im Tal der Könige. Im Hintergrund konnte man lediglich die Felsen des Tals erkennen. In der Bildunterschrift wurde darauf hingewiesen, dass einige Ramessiedengräber zu sehen seien, aber an sich sah man nur Geröll.[25] Die *Times* wollte den Leser in die Welt des Tals entführen, und was eignete sich besser dazu als ein Foto.

Durch die vielen Berichte in den Zeitungen, wurde das Grab und alles rundherum zu einem guten Vertrauten für den Leser. Innerhalb einer Woche waren bereits unglaublich viele Menschen informiert. Die Situation in Deutschland war etwas anders.

---

22 *New York Times* vom 04. Dezember 1922
23 Frayling, S. 23
24 *The Times*, vom 01. Dezember 1922
25 *The Times*, vom 02. Dezember 1922

II 6. Die Situation in der deutschen Presse

In Deutschland erfuhr die Öffentlichkeit erste Einzelheiten von der großartigen Entdeckung aus berufenem Munde. Ludwig Borchardt, der vor dem ersten Weltkrieg bei der Freilegung einer Bildhauerwerkstadt in Amarna die weltberühmte Büste der Königin Nofretete gefunden hatte, berichtete über Einzelheiten des Grabes von Tutanchamun vor der Vorderasiatisch-Ägyptischen Gesellschaft in Berlin. Sein Vortrag erschien tags darauf in der *Vossischen Zeitung* vom 07. Dezember 1922. Die Überschrift lautete: „Der Thron des Pharao." mit dem Untertitel: „Die Schätze im Prunkgrab von Luxor" ließen schon auf eine Sensation schließen. Fachlich korrekt wurde die exakte Lage des Grabes angegeben. Borchardt beschrieb erstaunlich plastisch und enthusiastisch die Gegenstände in der Vorkammer.

„Nach Forträumen der Verschlüsse bot sich dem Eintretenden ein Bild, von dem sich nur die wenigen eine Vorstellung machen können, die einmal das Glück hatten, ein unberührtes ägyptisches Grab dieser Zeit zu sehen."[26]

Wer hatte das schon, da so etwas noch nie gefunden wurde. Natürlich ging er auf viele Funde ein, in dem er sie aufzählte und auch auf den Thron, wie die Überschrift den Leser darüber schon informierte. Borchardt berichtete, dass das vorsichtige Bergen all dieser Sachen Tage dauern würde. Er machte aber auch deutlich, dass man vorerst nicht in die dritte Kammer gelangen könne, nicht bevor alle Dinge aus der Vorkammer abtransportiert worden seien. Allerdings hatte dieser Artikel auch einen Unterton. Man hörte hier heraus, dass der Autor kein Verständnis dafür hatte, dass Carnarvon seinen ersten Bericht an die *Times* gegeben hatte.

Daneben stand aber auch der Wunsch nach Papyrusfunden, die die Wissenschaft weiterbringen könnte, für Borchardt überaus wichtig. Am Ende folgte noch eine Erklärung zum Zusammenhang von Echnaton, seinem Gott Aton, seinem Nachfolger Tutenchamun und dem wieder aufgenommenen Amunglauben.

Der Leser wurde umfassend informiert, teilweise ein wenig überfordert, denn wer kannte sich schon in dieser Materie aus, um mit Amun und Aton vertraut zu sein. Im ganzen Artikel wurden keine weiteren Namen genannt. Der einzige war Carnarvon, den man aber auch nicht einordnen konnte, da er nicht erklärt wurde. Ein würdigender, an manchen Stellen euphorischer Beitrag, der aber den Ausgräbern und den Umständen des Fundes gegenüber recht kühl blieb.

Auch ganz kleine Zeitungen brachten wenigstens eine Meldung über den Fund. In der *Rottenburger Zeitung* konnte man unter der Rubrik „Verschiedenes" am 12. Dezember 1922 lesen:

---

26 *Vossische Zeitung*, vom 07. Dezember 1922

„Die Totenkammer eines ägyptischen Königs. Auf der Stätte des alten Theben fanden englischen Altertumsforscher die Begräbnis-Reliquien des Pharao Tutanchamon, der etwa um 1400 v. Chr. regierte. Die Schätze wurden in versiegelten geheimen Kammern gefunden, die unter dem Grab von Ramses VI. liegen. Man fand u. a. drei vergoldete Ruhebetten mit Schnitzereien, die die Köpfe verschiedener Gottheiten darstellen. Auf diesen Betten befanden sich vergoldete geschnitzte Gegenstände mit Einlegearbeiten von Elfenbein und Edelsteinen und zahllose Kästen von vortrefflicher Arbeit. Unter einem Ruhelager befand sich der Staatsthron des Königs Tutanchamon, ein schwervergoldeter Stuhl, übersäht mit Türkisen, Lapislazuli und anderen Halbedelsteinen. Zwei lebensgroße Statuen des Königs, die in den Händen Stäbe aus massivem Gold halten, standen einander gegenüber, Kunstwerke von schönster Ausführung mit Glasaugen und reich mit Elfenbein verziertem Kopfschmuck. Auch vier Wagen wurden gefunden, deren Wände mit Edelsteinen und Goldverzierungen bedeckt sind. Außer diesen beiden Kammern befindet sich hier noch eine versiegelte Brücke, die noch unberührt ist und deren Ausbeutung erst in Angriff genommen werden soll. Die Besitzfrage ist noch nicht geklärt. Da die Funde an einer Stätte gemacht wurden, die der ägyptischen Regierung vorbehalten ist, fordern diese das Ganze als Eigentum, während sonst gewöhnlich die Ausgräber die Hälfte erhalten." [27]

Dieser Artikel war eine kurze Beschreibung der Fundstücke und eine extrem kurze Zusammenfassung der Verhältnisse in Ägypten. Diese Zeitung erschien in Süddeutschland, aber auch hier hätte man den Menschen die Namen der Entdecker mitteilen können, erstaunlicherweise fehlte das hier völlig. Andererseits ist es wiederum merkwürdig, dass man bereits auf die Frage des Besitzes einging. Da der Leser, las er nur diese Zeitung, sowieso nicht wusste, wer das Grab gefunden hatte und welche Konzessionsbedingen wichtig waren. Somit ist die Tatsache der Erwähnung der Besitzverhältnisse interessant.

Andere deutsche Zeitungen brachten die Meldung der Entdeckung noch viel später. Am Sonntag, dem 17. Dezember 1922, sah sich die *Saarbrücker Zeitung* ebenfalls dazu veranlasst, einen Artikel über Tutenchamun und sein Grab zu bringen. Es handelte sich hier um einen längeren Bericht, der, ausgehend von der Meldung des Fundes, gedruckt wurde. In einer Art Kulturecke fand man den Artikel am unteren rechten Rand beginnend, eine Spalte lang und auf der nächsten Seite endend. Unter einem theatergeschichtlichen Rückblick, der die gesamte Seite ausfüllt, liest man: „Die neuen Funde in den Königsgräbern von Theben." Der Artikel begann mit der Nennung der Entdecker. Dann gab sich die Zeitung einschätzend und weltmännisch. In einer Meldung, wie in der *Times*, hieß es:

---

27   *Rottenburger Zeitung*, vom 12. Dezember 1922

„Die Bedeutung der neuen Funde ist von dem Londoner Ägyptologen Prof. Flinders Petrie bestätigt worden; er sagt, wie die *Times* zu berichten weiß, es sei offenbar eines der vollständigsten Königsgräber [...]."[28]

Um die Bedeutung des Fundes zu untermauern, zitierte man weiter aus der *Times*. Der Konservator des Britischen Museums und sogar Piere Lacau nannten die Funde die größte Entdeckung in der Geschichte der ägyptischen Kunst. Es folgte ein Kurzbericht der Entdeckung des Grabes und eine Anmerkung, dass Carter bereits seit sechzehn Jahren in Ägypten sei und dort Ausgrabungen vornahm. Eine Beschreibung der Öffnung des Grabes und der Funde in der Vorkammer folgte. Hier wurden besonders die drei vergoldeten Lagerstätten erwähnt. Der Wert der Funde beliefe sich auf drei Millionen Pfund, so schrieb der Autor weiter. Diese würden zum größten Teil in das Museum in Kairo verbracht.

„Die meisten von uns werden vermutlich diese Schätze nie zu sehen bekommen, doch werden wir eine ungefähre Vorstellung von ihrer Pracht und Schönheit aus den Abbildungen gewinnen, die wahrscheinlich bald in illustrierten Zeitschriften und archäologischen Schriften erscheinen werden."[29]

Dieser letzte Satz ist interessant, denn es war damals noch nicht üblich, und teilweise auch noch nicht möglich, Zeitungen Fotos beizugeben. Zeitschriften waren mehr dazu geeignet, Fotos zu bringen.

II 7. Die Berichterstattung geht weiter

Da der Korrespondent der *Times* eng mit den Ausgräbern zusammenarbeitete, Merton war ja ein Freund Carters und bei allen Phasen der Grabung dabei, konnten die Leser täglich in den Genuss der neusten Nachrichten, Entdeckungen und detailreicher Beschreibungen der Funde kommen. Da auch die Fotos ihren Teil dazu beitrugen, die Harry Burton, einer der Experten vom Metropolitan Museum in New York, die sich Carter ausgesucht hatte, um zu helfen, gekonnt produzierte, konnte sich der Leser direkt von der Schönheit der Dinge beeindrucken lassen. Am 12. Dezember 1922 wurden in der *Times* exklusive Bilder von der Grabung gebracht. Zwei Tage später schrieb Merton unter der Überschrift „The Egyptian Discovery," dass die Stahltür, die Carter zum Schutz des Grabes installieren ließ, fertig sei. Das Grab würde vorerst verschlossen, damit man Vorkehrung zur Erhaltung der Funde treffen und Fotos machen konnte. Carter war bereits auf dem Weg nach Luxor, so Merton weiter, um Chemikalien und andere nötige Dinge zur Restauration der Funde zu besorgen. Am Ende schrieb Merton, wie stolz er sei, mit einem solchen Kollegen wie Carter zusammenzuar-

---

28   *Saarbrücker Zeitung*, vom 17. Dezember 1922
29   ebd.

beiten. Daraufhin folgt eine Erhebung Carters zu dem Ausgräber überhaupt. Er sei der Einzige, der einer solchen Aufgabe gewachsen sei.[30]

Am 18. Dezember 1922 erschien in der *Times* ein Interview von Merton mit Lord Carnarvon, der sich gerade auf dem Heimweg nach England befand.[31] Das Gespräch wurde in Marseille geführt, wo der Lord und seine Tochter einen Zwischenstopp einlegten. Carnarvon sagte, dass er es zwar nicht abwarten könne, aber das man vorsichtig sein müsse, man könne nicht einfach so die Wand zu der vermuteten Grabkammer einreißen, das würde zu viel zerstören.[32] Dennoch sei er voller Hoffnung, noch mehr Interessantes hinter der Wand zu finden. Vorher müsse man aber die Vorkammer leer räumen, und wenn er Ende Januar nach Luxor zurückkehre, würde er diese Arbeiten persönlich überwachen und unterstützen. Danach berichtete der Lord von der Notwendigkeit, alle Funde in der Vorkammer zu fotografieren, bevor sie ausgeräumt würde. Er beschrieb die Probleme, die er hatte, als er versuchte, dabei Blitzlicht zu verwenden. Er könne also nicht selbst fotografieren, daher müssten Experten herangezogen werden. Zum Glück hatte das New Yorker Museum eine Expedition in Ägypten und war so großzügig, ihren Fotografen Harry Burton auszuleihen. Merton fragte Carnarvon des Weiteren nach seinem Eindruck, als er das Grab betrat. Carnarvon antwortete, dass er mehr als fasziniert sei. Natürlich kam auch die vermutete Kammer, vor der die Wächterstatuen standen, zur Sprache. Was, so fragte Merton den Lord, würde die Ausgräber dahinter erwarteten. Carnarvon meinte, dass, wenn es die Grabkammer wäre, sie sicher bemalt sei.[33]

II 8. Heimliche Besichtigung des Grabes

Carnarvon, als er zu Weihnachten wieder in England war, wurde am 22. Dezember 1922 von König George V. zu einer Audienz empfangen. Der König zeigte sich sehr interessiert und der Lord versicherte ihm, dass man die Mumie des toten Königs finden würde.

Mit dieser Erklärung über Ereignisse, die sich erst im darauf folgenden Jahr abspielen sollten, hätte er sich beinahe verraten.

An dem Tag als Carnarvon und seine Tochter in Luxor ankamen, nachdem Carter ihnen das Telegramm von der Entdeckung geschickt hatte, war man gespannt, was man gefunden hatte. Der Direktor des Antikendienstes, Pierre Lacau, bestand darauf, sobald das Grab zu öffnen sei und betretbar war, dass ein Mitarbeiter seiner Behörde anwesend war. In der Grabungskonzession hieß es

---

30 Vgl. *The Times* vom 14. Dezember 1922
31 Carnarvon wollte mit der Familie Weihnachten feiern und im neuen Jahr nach Luxor zurückkehren.
32 Erwähnenswert ist, dass der Lord genau wusste, was sich hinter der Wand befand. Vgl. s. u.
33 Woher konnte er das wissen, da doch die Vorkammer überhaupt nicht dekoriert war. Es war für Merton Spekulation, für den Lord Gewissheit. Dazu Vgl. s. u.

aber, dass der Entdecker als Erster das Grab betreten durfte. Dieses Problem wurde rasch beseitigt.

Die Ausgräber bekamen in einer gewissen Nacht nicht viel Schlaf. Nicht etwa, weil sie sich Gedanken darüber machten, was wohl alles im Grab lag, vielmehr weil sie sich im Grab, heimlich, ohne Wissen der Behörden, schon einmal umsahen. Wenn man die Ausgräber dabei gestellt hätte, wäre ihnen die Konzession entzogen worden. Lord Carnarvon verfasste über diese Aktion einen Artikel für die *Times*, der aber nie veröffentlicht wurde. Daher konnte sich auch niemand im Geringsten vorstellen, was vorgefallen war. Der Lord hatte aber dadurch Wissen, das er nicht haben konnte und musste, um sich nicht zu verraten, mit jeder seiner Äußerungen sehr vorsichtig sein.

II 9. Besucherströme und Journalisten im Tal der Könige

Einen Tag vor Weihnachten 1922 fand man in der *Times* eine Werbeanzeige für die *Illustrated London News*. Diese, so hieß es dort, würde in ihrer nächsten Ausgabe erste Fotos vom Grab des Tutenchamun und der mit Schätzen gefüllten Vorkammer bringen.[34] Der *Times* war es nicht möglich, Farbbilder abzudrucken, aber, genau wie der Autor des Artikels der *Vossischen Zeitung* schon erwähnte, konnten es die Zeitschriften, die *Illustrated London News* war eine solche.

Erstaunt, dass so viele Amerikaner Carter bei seiner Ausgrabung zur Hand gingen[35] titelte die *New York Times* kurz nach Weihnachten 1922: „Amerikaner graben Tut-ench-Amun aus!"[36]

Der Artikel hielt den Lesern vor Augen, dass viele Experten des Museums in New York in das Grabungsteam von Carter und Carnarvon gerufen worden seien und keine französischen, englischen oder ägyptischen Experten. Allerdings wurden auch Gerüchte laut, die dem Museum für seine Hilfe Funde aus dem Grab zusicherten. Ein Reporter des *New York Herold* forderte den Museumsdirektor auf, sich dazu zu äußern. Dieser dementierte.[37]

Nichtsdestotrotz setzte die *Times* ihre Berichterstattung fort. Die Leser waren an der Quelle, Merton informierte umfassend und immer als Erster.

Ein Bericht über die Vorbereitungen und die Ausräumungen der Funde erschien am 27. Dezember 1922 in der *Times*. Das Grab sei wieder für Besucher geschlossen worden, denn die Ausräumung und die Restauration der Gegenstände seien in vollem Gange.

Während Harry Burton exzellente Fotos machte, kümmerte sich Alfred Lucas, in einem als Labor genutzten Grab um die Konservation und Präparation der

---

34 *The Times*, vom 23. Dezember 1922
35 Carter hatte sich bemüht, die besten Experten zu bekommen, die es gab. Ende 1922 führte das Metropolitan Museum von New York eine Expedition in Ägypten durch und borgte ihre Experten mit Freude Carter aus. Darunter war auch der geniale Fotograf Harry Burton und Restaurator Alfred Lucas.
36 Vgl. *The New York Times*, vom 24. Dezember 1922
37 Vgl. Hoving, S. 121

Funde, damit sie keinen Schaden nahmen. Einen Tag später kabelte Merton, durch die Exchange Telegraph Company, die einzige Stelle in Luxor von der aus man das machen konnte, dass am 27. Dezember die offizielle Ausräumung des Grabes begonnen hätte. Die Funde wurden zuerst in eine anderes Grab, das von Sethos I. gebracht, wo sie präpariert wurden. Diese Arbeiten seien sehr delikat. An diesem ersten Tag konnten nur zwei Dinge geborgen werden, eine Kiste mit Intarsien, die Sandalen und andere Kleidungsstücke enthielt. Das zweite Objekt war eine große Alabastervase, die mit etwas Schwarzem gefüllt war.[38]

Zum Entsetzen der Ausgräber wurde das friedliche Tal zum Tummelplatz von Touristen und vor allem von Journalisten. Niemand hatte sich vorstellen können, wie das Tal von Menschenmassen überschwemmt wurde. Die Ausgräber versuchten dennoch, ihre Arbeit fortzusetzen. Die Besucherinvasion wurde bald zum ernsten Problem der Ausgräber. Die Massen behinderten die Bergungs- und Konservierungsarbeiten und gefährdeten auch die Sicherheit. Durch die vielen Menschen, die nur einige Meter über dem Grabeingang standen, war die Gefahr groß, das etwas herunterfallen oder gar einstürzen konnte.

In seinem dreibändigen Werk über die Entdeckung verfasste Carter ein extra Kapitel über Besucher und Presse. Dort konnte man die ganze Problematik ein wenig genauer nachlesen. Es war ihm bewusst, dass keine Macht der Welt die Ausgräber vor dem Licht der Öffentlichkeit schützen konnte. Die Anziehungskraft des Grabes für Besucher schien beinahe verhängnisvoll zu sein. Carter war klar, dass im Tal immer Touristen waren, aber bis dahin war die Besichtigung der Nekropole eine ernsthafte Beschäftigung und keine Gartenparty. Das Grab zog an wie ein Magnet. Schon zu früher Morgenstunde fing die Pilgerfahrt an. Besucher kamen auf Eseln, Sandkarren oder in Zwiespännern und begannen sich für den Tag häuslich einzurichten. Um den Rand der Grabeinfassung führte eine niedrige Mauer, und hier ergriff jeder Besitz von seinem Platz, in Erwartung der Dinge, die da kommen sollten. Dort saßen die Menschen den ganzen Morgen, lasen, unterhielten sich, strickten, machten Fotos vom Grab und voneinander. Jedes Mal war die Aufregung groß, wenn die Ausgräber hinaufsagen ließen, dass etwas aus dem Grab herausgeschafft werden würde. Bücher und Strickzeug wurden beiseite geworfen, die ganze Batterie der Apparate machte sich bereit und wurde auf den Eingang gerichtet. Die Gefahr, dass alle Besucher samt der Mauer ins offene Grab stürzen würden, war groß.[39]

Manchmal bot Carter den Wartenden aber auch Erfreuliches. Nach der Bergung der Funde mussten diese in ein anderes Grab gebracht werden, um sie dort zu konservieren und für den Abtransport vorzubereiten. Zur Freude der Zuschauer wurden manche Objekte unverpackt und ohne Abdeckung in das so genannte Labor gebracht.

---

38 Vgl. *The Times*, vom 28. Dezember 1922
39 Vgl. Wettengel, S. 28

Im Januar 1923 machte sich bei Carter der Stress und sein Unmut über die Situation der Besucher und der Presse bemerkbar. Sein Tagesablauf war gestört und am Eingang ging es zu wie in einem Zirkus. Er fuhr Kollegen und Arbeiter an und weigerte sich, auch nur ein Wort mit den Pressevertretern zu reden. Man muss sich vorstellen, ein Mann, der beinahe dreißig Jahre in völliger Abgeschiedenheit in Oberägypten gearbeitet hatte, war plötzlich Mittelpunkt der Weltpresse. Am meisten ärgerte es ihn, dass die Besucher nur Sensationstouristen waren und kein Interesse für die Ägyptologie hatten. Bei Äußerungen von Besuchern, die aus dem Grab kamen und meinten, dass nicht viel zu sehen war, geriet Carter in Rage.

II 10. Die Medienwirkung des Grabes und das exklusive Recht der *Times*

Carnarvon sah die Situation anders. Er hatte bald die Medienwirkung seines Fundes entdeckt und begann, alles Geschäftliche zu regeln. Bereits am 24. Dezember 1922 legte er in einem Brief an Carter dar, dass er die Story möglichst effektiv an unterschiedliche Massenmedien verkaufen wolle. Er wolle sich daher in Verhandlungen mit der Presse begeben.

Kurz nach der Entdeckung des Grabes schickte Carnarvon an den Ägyptologen Sir Allen Gardiner ein Telegram, in dem er ihn darüber informierte. Selbst zu Weihnachten, zu Hause in England, ließ man Carnarvon keine Ruhe. Das Telefon stand nicht mehr still und an seiner Tür gaben sich die Reporter die Klinke in die Hand.

Gardiner saß eines Tages mit ihm beim Mittagessen auf Highclere Castle, als der Chefredakteur der *Times*, Geoffrey Dawson, ihn sprechen wollte. Carnarvon sollte einmal etwas politisch sein und der *Times* allein das Recht einräumen, exklusiv berichten zu können. Carnarvon erwiderte, es sei ihm beim besten Willen unmöglich, alle Informationen zuerst der *Times* zu geben.[40] Er frage Gardiner was er davon hielt, aber dieser konnte keine Antwort geben, das entzog sich seiner Erfahrung. Gardiner fand die Idee aber blendend. Diese Lösung werde Carter viel Zeit sparen, da er sich auf diese Weise nur mit einem einzigen Pressemann, anstatt mit einer großen Meute von Reportern auseinander zu setzen hätte.[41]

Kurz darauf schrieb Carnarvon an Carter:

„There is I imagine a good deal of money in this what I don't know possibly 10-20 thousand - but there are difficulties. Neither of us having much if any experience of Press sharks one is rather at a loss

---

40 Vgl. Hoving, S. 124
41 ebd.

how to act for the best. [...] I think the Daily Mail would give more, but the Times is after all the first Newspaper in the world."[42]

Carnarvon wollte die Presseangelegenheiten aber weiterhin mit Gardiner besprechen, denn er hatte das Gefühl, dass er von sämtlichen ausländischen und ägyptischen Zeitungen Angebote für die Story bekommen würde.

Im neuen Jahr gingen beide, Carnarvon und Gardiner, nach Ägypten, um weiter an ihren Grabungen zu arbeiten. Gardiner dachte oft über dieses Mittagessen nach, bis ihm Carnarvon schrieb, dass er auf das Angebot der *Times* eingegangen wäre. Er hatte damit endlich die anderen Reporter und die überflüssigen Interviews hinter sich gebracht. Allerdings schrieb Carnarvon Gardiner auch, als er mit einem der großen Zeitungslords einmal essen war, dass dieser meinte, Carnarvon würde noch einmal dieses Monopoly mit der *Times* bereuen.

Abgesehen von Carnarvons folgenschwerer Entscheidung, die später die Presse beschäftigte, sorgte er im Januar 1923 allein durch seine Rückkehr nach Ägypten für Aufsehen, denn er brachte ein Auto mit, einen Ford. Dieser wurde mit einer Fähre über den Nil gebracht und war das erste Auto auf Luxors Westufer. Die *Times* bemerkte dazu, dass das Auto nicht gerade wenig Aufregung verursachte.

Mehr Aufregung verursachte aber die Folge der Überlegungen des Lords. Er wollte seine, durch die Grabung entstandenen finanziellen Verluste ausgleichen. Das machte das Abkommen mit der *Times* natürlich umso verlockender.

II 11. Der Exklusivvertrag

Das Desaster begann am 09. Januar 1923, als Carnarvon einen Exklusivvertrag mit der *Times* unterschrieb. Zu der Zeit, als man den Vertrag ausarbeitete, schien es eine gute Idee gewesen zu sein, sowohl finanziell als auch praktisch. Politisch gesehen war der Vertrag aber mehr als verhängnisvoll. Die Ausgräber hatten danach nicht nur die einheimische Presse, sondern die der ganzen Welt gegen sich.

Die ägyptische Presse war außer sich, bei der Berichterstattung über eine Ausgrabung in ihrem eigenen Land, auf eine ausländische Zeitung zurückgreifen zu müssen. Als bekannt wurde, dass es einen Exklusivvertrag mit der *Times* gab, schrieb ein ägyptischer Journalist, unterstützt von der gleichfalls frustrierten restlichen britischen Presse, dass der Lord die Archäologie prostituieren würde.

Alle Pressewelt zerbrach sich den Kopf, wieso dieser Vertrag zustande gekommen war. Unter den Reporter kursierte ein Gerücht. Es ging um einen englischen Lord, der in Zusammenhang mit einem politischen Skandal ein Interview geben sollte. Es hieß, dass der Butler in die Bibliothek eilte, wo er die bevorstehenden Invasion der Reporter wie folgt meldete: „Milord, vor der Tür stehen

---

42 T. G. H. James, „Howard Carter - The Path to Tutankhamun", I. B. Tauris & Co. Ltd., London, 2001, S. 278

Reporter und auch ein Gentleman von der *Times*." Der Lord soll geantwortet haben: „Lassen Sie den Gentleman der *Times* herein."[43]

Im Allgemeinen kann man diese Anekdote als Wahrheit für die Einstellung des britischen Adels zur Presse sehen. Carnarvon war seit seiner Jugend der Presse gegenüber feindselig eingestellt, obwohl er mit der *Newburry Weekly News*, einer Lokalzeitung, enge Kontakte pflegte. Er war geneigt Journalisten als Aasgeier zu sehen, mit Ausnahme des Herrn von der *Times*. Im Gedanken an seine enormen Ausgaben, die die Grabung verschlungen hatte, schloss er den umstrittenen Exklusivvertrag mit der *Times* ab.

Das Problem, das Carnarvon nicht sah, als er den Vertrag unterschrieb, war, dass er sich in diesem Moment ausgerechnet die Leute zum Feind machte, deren Beistand die Ausgräber später bitter nötig gehabt hätten. Der Exklusivvertrag mit der Londoner *Times*, der durch Depeschenläufer aus dem Tal übermittelt wurde, erregte weltweit Aufsehen.

Carter war offiziell nicht so begeistert von dem Vertrag, den der Lord mit seinem Freund, John Jacob Astor, dem Aufsichtsratsvorsitzenden der *Times*, abschloss. Die *Times* hatte nun das Copyright an allen Nachrichten, Bildern und Sonstigem. Carter schrieb an Carnarvon:

> „[...] we in Egypt were delighted when we heard Lord Carnarvon's decision to place the whole matter of publicity in the hands of The Times."[44]

Carter äußerte nie offiziell Einwände gegen das Abkommen mit der *Times*. Als der Lord ihm seine Entscheidung mitteilte, schrieb er sogleich an seinen Freund Merton, dass er in sein Grabungsteam als Presseagent aufgenommen sei. Anhand der Briefe zwischen Carter und Carnarvon ist keine Ablehnung zu dem Vertrag zu erkennen, nur Zustimmung. Beide wollten sich die besten, großzügigsten und einträglichsten Presseangebote, einschließlich der Verfilmungsrechte und allem, woraus sich sonst noch Gewinn schlagen lassen würde, sichern.

Die vorherrschende Meinung, wieso der Lord diesen Exklusivvertrag abgeschlossen hatte, aus Naivität oder weil er ein Ehrenmann war, der diesem überaus distinguierten Londoner Blatt ein Privileg einräumen wollte, sind alle weit von der Wahrheit entfernt. Er verhalf der *Times* somit zu einem täglichen Nachrichtenmonopol und erhielt dafür umgerechnet 70 000 Euro und drei Viertel des Gewinns vom Verkauf eben dieser Nachrichten an andere Zeitungsverlage. Als Carnarvons Agent verkaufte die *Times* ihre Berichte weltweit.[45]

Beide, Carter und Carnarvon, sammelten zuerst alle Presseangebote, um dann das lukrativste herauszusuchen. Carter wollte die Rechte sogar versteigern. Die

---

43 Vgl. Brackmann, S. 119
44 Carter, Howard, „The Tomb of Tutankhamen", Sphere Books Ltd., Feltham. Middlesex, England, 1972, S. 64
45 Vgl. Brackmann, S. 124 und Hoving, S. 128

Times nahm dabei von Anfang an eine Sonderstellung ein. Die Redaktion der *Times* nutzte die Bekanntschaft zwischen Carter und Merton aus und wies ihre Reporter an, sich um die Exklusivrechte für die Innenaufnahmen des Grabes zu bemühen. Carter hatte in diesem Punkt Bedenken, denn er wollte zu diesem Zeitpunkt auch die Verfilmungsrechte veräußern. Sie einigten sich dahingehend, dass man den Vertrag so formulieren könnte, dass Carters Interessen gewahrt blieben. Aus Briefen von Carnarvon an Carter ist ersichtlich, dass er weder die Urheberrechte hergeben wollte, noch Einkünfte aus Verfilmungsrechten, Zeitschriften und Büchern aufgeben, also den ganzen möglichen Gewinn für sich einstreichen wollte. Mit einem Wort, beide, Carter und Carnarvon, wollten so viel Geld wie möglich mit dem Fund verdienen. Die *Times* war außerdem in ihren Augen die einzige Zeitung der Welt, die über archäologische Themen ausführlich und mit Sachverstand berichtete.

In dem Vorwort von dem zweiten Band seines Entdeckerberichts schrieb Carter:

„Nun erwies sich die Anteilnahme der Öffentlichkeit bei der Mitteilung der ersten Nachrichten als so ungeheuer stark und umfassend, dass uns sofort klar wurde, die Weltpresse könne nur durch eine einzige ständige Nachrichtenvermittlung vom Gang der Ausgrabungen unterrichtet werden. Andernfalls wären durch die beständigen Anfragen der Presse fortgesetzt Unterbrechungen unserer Arbeit zu befürchten gewesen. So traf Lord Carnarvon ein Abkommen mit der Times."[46]

Er dementierte im restlichen Vorwort, dass der Vertrag aus gewinnsüchtigen Gründen geschlossen worden war. Er versicherte sogar, dass der Vertrag für die *Times* einen Verlust darstellte und das Geld, das die Berichte einbrachten, lediglich zur Deckung der großen Kosten verwendet wurde.

Als bekannt wurde, dass Carnarvon einen Exklusivvertrag mit der *Times* abgeschlossen hatte, wurden die Beziehungen zur restlichen Weltpresse immer schlechter. Anfangs schien das eine großartige Idee gewesen zu sein. Die *Times* hatte eine lange Tradition, was die Begleitung von archäologischen Ausgrabungen, bzw. allgemeinen archäologischen Dingen anging. Es bestand die Absicht, dass die *Times* als Presseagent auftrat und zwischen Carters Team und der Weltpresse vermittelte. Aber diese Angelegenheit erzürnte die ägyptische Presse, denn ihr kamen Zweifel, wieso Engländer das ägyptische Erbe schützten und repräsentierten und nicht sie.

Die *Times* druckte jeden Tag eine Story über das Grab, gut versorgt durch ihren Reporter Arthur Merton. Finanziell war der Vertrag mit der *Times* eine rentable Angelegenheit, aber doch wurde diese Sache zu einem politischen Alptraum und zu einem permanenten Skandal.

---

46   Carter, Howard, „Tut- Ench- Amun- Ein Ägyptisches Königsgrab", F. A. Brockhaus, Leipzig 1924, S. 10

Am 10. Januar 1923 verkündete die Londoner *Times* stolz, dass Lord Carnarvon, mit voller Zustimmung Howard Carters, einen Exklusivvertrag mit ihnen geschlossen hatte. Beide hatten es als unlösbare Aufgabe angesehen, jeder einzelnen Presseorganisation Informationen über ihre Entdeckung zukommen zu lassen. Der Lord hat der *Times* daher sämtliche Rechte an der Veröffentlichung, einschließlich Meldungen, Spezialberichte und Fotografien übertragen.[47]

Der Eröffnungs- und der Abschlussparagraph des Vertrages mit der *Times* und Lord Carnarvon sah wie folgt aus:

> „MEMORANDUM OF AGREEMENT made the ninth day of January One thousand nine hundred and twenty-three BETWEEN THE RIGHT HONOURABLE GEORGE EDWARD STANHOPE MOLYNEUX HERBERT EARL OF CARNAVON (hereinafter referred to as "the Earl") of the one part on THE TIMES PUBLISHING COMPANY LIMITED (hereinafter referred to as "The Times") of the other part WHEREAS the Earl is now conducting exploration work in the Valley of the Kings Luxor Egypt and has made interesting investigations which may lead to the discovery of the tomb of Tutankhamen AND WHEREAS the Earl has agreed to appoint The Times sole agents for the sale throughout the World to newspapers magazines and other publications of news articles interviews and the photographs (other than cinematograph and coloured photographs´) relating thereto on the terms and conditions hereinafter contained NOW THESE PRESENTS WITNESS AND IT IS HEREBY AGREED by and between the parties hereto as follows:- 1. The Earl hereby appoints The Times as sole agents for the sale throughout the world to newspapers magazines and other publications of all news articles interviews and photographs [...] IN WITNESS WHEREOF the Earl of Carnarvon and William Lints Smith Manager of the Times Publishing Company Limited have hereunto set their hands the day and year first above written. (Signed) Carnarvon (Signed) W. Lints Smith, Manager The Times Publishing Company Limited."[48]

Dies war der Beginn einer Pressekampagne, in deren Verlauf Art und Inhalt der Informationsvermittlung über die archäologische Arbeit am Grab Tutenchamuns zunehmend von den Interessen einer breiten Öffentlichkeit bestimmt wurde, sowie dem Bedürfnis der Ausgräber, sich in vorteilhafter Weise darzustellen.

In der Vereinbarung mit der *Times* stand auch, dass Carnarvon sie als Verkaufsagent für die Nachrichten und Fotos aus dem Grab, sowie für Interviews mit den Ausgräbern einsetzen wollte. Ausgenommen davon waren farbige Fotos und Filmaufnahmen. Die *Times* verpflichtete sich, dass alle Informationen, Arti-

---

47 Vgl. Reeves aus Carter, „Tut-Ankh-Amen, The Politics of Discovery," S. XXI
48 ebd., S. XXII

kel und Interviews an andere Zeitungen, durch die *Times*, weiter verkauft werden sollten. So wurden in der Übereinkunft mit dem Earl alle anderen Londoner Zeitungen erwähnt. Ausgenommen Abendzeitungen, die die Artikel erst an dem Tag drucken durften, an dem die anderen sie am Morgen gebracht hatten. Daneben wurden britische Provinzialzeitungen genannt, wie schottische und irische Zeitungen, Zeitungen der Kanalinseln und der Isle of Man. Auch Zeitungen aus den USA und Kanada, den britischen Kolonien, Mitteleuropa, Ägypten und die restlichen Zeitungen der Welt, sollten mit Informationen von der *Times* beliefert werden. Natürlich gegen Entgelt, dessen Höhe die *Times* festlegte. Jede Zeitung, die diesen Service in Anspruch nahm, war verpflichtet, eine ganz bestimmte Zeile abzudrucken: „The Times World Copyright by arrangement with the Earl of Carnarvon."[49]

Es gab insgesamt zwei Verträge. Der eine zwischen dem Earl und der *Times*, in dem auch die Vereinbarungen enthalten waren, wer zu den anderen Zeitungen gehörte, die mit Informationen beliefert werden sollten und ein zweiter, der aus individuellen Briefen an die restlichen Zeitungen bestand, die mit Nachrichten versorgt werden sollten.

Zeitungen, die an diesem Service interessiert waren, konnten das Schriftstück an die *Times* zurückschicken und akzeptierten so die Bedingungen. Was die Rechte an den Fotos anging wurde in diesem Schreiben nicht geklärt, dafür wurden noch einmal extra Briefe verfasst, die ebenfalls zurückgesandt werden mussten. Neben den schon angesprochenen Rechten, die im Vertrag mit dem Earl standen, mussten Zeitungen ein Entgelt entrichten, das ihnen die Versorgung mit Nachrichten sicherte.

So kosteten die Informationen durch die *Times* beispielsweise eine täglich erscheinende Zeitung in England zwischen 350 und 600 Pfund. Bei allen Fotos, egal ob es sich um Grabbeigaben handelte oder nur die Arbeiten an der Fundstelle zeigten, mussten fünfzig Prozent der Kosten übernommen werden. Unter jedem Bild musste die Copyrightzeile der *Times* stehen. Die Überschriften wurden von der *Times* vorgegeben. Für eine englische Morgenzeitung kostete dieser Service noch einmal zwischen 50 und 100 Pfund.

Anderen Zeitungen weltweit, die diesen Service auch nutzen wollten, wurden individuelle Angebote unterbreitet. Je nach ihrer Auflagengröße und nach Erscheinungsland waren diese Angebote sehr unterschiedlich. Letztlich nahm nicht jede Zeitung das Angebot an, aber viele taten es doch, das war schließlich die einzige Möglichkeit an qualifizierte und genaue Informationen zu gelangen.

An dem Vertrag mit der *Times* konnte man sehen, dass sich niemand, weder Carter noch Carnarvon, wirklich Gedanken gemacht hatten, wie sehr das Grab auch von der restlichen Presse begehrt wurde.

Jetzt war die gesamte Weltpresse von den Berichten der *Times* abhängig. Viele Zeitungen reagierten sofort. Wie die *Daily Mail*, die einen Sonderkorres-

---

49 Vgl. *The Times*-Archiv in London

pondenten einstellte, der auch noch ein alter Rivale von Carter war. Damit hatten sie jemanden, der sich in der Materie auskannte und einige Negativschlagzeilen über Carter verfassen konnte.

Am 19. Januar 1923 machte der Reporter der *Morning Post*, A. H. Bradstreet,[50] seinem Ärger über den Vertrag Luft. Er schrieb auf Seite acht:

„Let it be recorded that if there is any prize for patience and unfailing courtesy in the face of overwhelming aggravation it belongs to Mr. Howard Carter. [...] In spite of many approaches by friends and the famous, throughout it all he is merely politely firm- he has the happy faculty of being able to say "No" without leaving a trace of ill- feeling."[51]

Damit die Ausgräber in Ruhe arbeiten konnten, wurde das Grab bald für Besucher geschlossen. Solche Aktionen wurden mit negativen Schlagzeilen seitens der immer noch geschockten Presse vergolten. So las man zum Beispiel am 12. Januar 1923 in der *Yorkshire Post*:

„According to rumours here this morning the Valley of the Kings is to be closed to the public [...] It would arouse the bitterest hostility against the Egyptian Antiquities Department of the latter were to sanction this arrangement, as there are more than 10 000 tourists coming to Egypt on big cruises during February and March, all of whom are applying for accommodation at Luxor in order to visit the neighborhood of Tutankhamen's tomb [...]"[52]

II 12.   Die *Times* berichtet exklusiv

Die *Times* hingegen berichtete weiter und ging nicht auf die Probleme, die deutlich sichtbar wurden, ein. Am 15. Dezember 1922 informierte Merton über die Fortsetzung der Ausräumung des Grabes. Er beschrieb die begierigen Besucher, die jeden Fund sehen wollten, wenn er herausgetragen wurde. Er äußerte sich erstaunt, dass nach der eher romantisch anmutenden Entdeckung des Grabes, sich nun plötzlich so viele Menschen dafür interessierten. Selbst Merton war sich noch nicht klar, was diese Entdeckung für die Menschen, nicht nur für Touristen, bedeutete.

Einheimische Zeitungen betitelten Carter und Carnarvon als Mr. Karet und Lord Canabel. Das mussten sie sich jedes Mal anhören, wenn sie das Grab verließen. Eine Geduldsprobe, nicht nur seinen Namen falsch zu hören, sondern auch die vielen Menschen am Rand stehen zu sehen.

---

50   Bradstreet repräsentiert prinzipiell nur die *New York Times*, aber manchmal auch andere Zeitungen
51   James, S. 281
52   Reeves, „Howard Carter - Before Tutankhamun", S. 155

Mertons Artikel kam auch auf ägyptische Ansichten zu sprechen. So verstünden viele einheimische Reporter und Ägypter die Funde als Meisterstücke ihrer Vorfahren und äußerten sich negativ über Carter und Carnarvon. Es gab auch immer wieder Befürchtungen, dass die Stücke außer Landes gebracht werden könnten, so Merton weiter. Er griff aber ein und versuchte eine Ehrerrettung, ein Gentleman tue so etwas nicht, konnte man sinngemäß zwischen den Zeilen seiner Erklärung lesen.

Er versuchte auch zu erklären, wieso niemand im Moment in das Grab hinein dürfe. Damit reagierte er auf Artikel anderer Zeitungen, wie etwa der *Yorkshire Post*. Es sei keine Unhöflichkeit, die Besucher draußen zu lassen. Wenn viele Menschen im Grab seien, könnten die Gegenstände durch die immer feuchter werdende Luft beschädigt werden. Die aufgestellten Scheinwerfer würden außerdem zu Behinderungen führen. Er machte an so vielen Beispielen fest, wieso es einfach nicht ging, Besucher in das Grab zu lassen. Außerdem arbeiteten die Männer des Teams von früh um acht bis mittags um eins. Nach dem Essen noch einmal bis vier und das jeden Tag. Montags bekämen die einheimischen Helfer ihr Geld und Dienstag hätten sie frei, obgleich die Ausgräber sich keine Pause gönnten.

Merton versuchte mit allen Mitteln, Carter in eine besseres Licht zu rücken, und auch den Besuchern Verständnis abzugewinnen.

An einem Samstag, dem 20. Januar 1923, erschien wieder ein Artikel von Merton. „Ante-Chamber not yet clear - Chair of state." lautete der Titel. Es ging um eine Aufzählung all der Dinge, die aus dem Grab in den letzten Tagen herausgeholt worden waren, viele Kleidungsstücke und Möbel, teilweise aus vergoldetem Holz. Carter und seine Mitarbeiter arbeiteten wie immer mit größter Sorgfalt, unterstrich Merton als PR Agent für die Ausgräber. Am gleichen Tag erschien in der Mitte der *Times* ein anderer Artikel, „Preservation by words" heißt dieser. Es ging hier um die Schwierigkeit, solche alten Dinge wie die Funde zu erhalten. Ein Hintergrundbericht, in dem Experten zu Wort kamen, die zum Beispiel alte Ölgemälde restaurierten, oder der Direktor des Naturkundemuseums, der über den Einfluss von Licht auf alte Farben sprach. Beide waren sich einig, dass man nie wissen könne, wie lange sich so alte Funde halten würden und das es eine schwere Aufgabe sei, vielleicht sogar die Schwerste, sie so zu präparieren, dass die Gegenstände aus dem Grab der Welt noch lange Zeit erhalten blieben.

Drei Tage später eine Sensationsmeldung in der *Times*. Als die Ausgräber den Inhalt von im Grab befindlichen Kästen untersuchten, fanden sie einen Handschuh. Dieser Handschuh sei der einzige, seit tausend Jahren gefundene in Ägypten, ein absolutes Unikat, den der König wohl als Kind getragen hatte. Die Erlesenheit und der edle dünne Stoff schienen den Autor sehr zu beeindrucken.[53]

Er betonte immer wieder, dass diese Arbeit anstrengend sei und höchste Konzentration und Vorsicht erforderte. Messres, Lucas und Mace waren die Exper-

---

53 Vgl. *The Times*, vom 23. Januar 1923

ten für den Erhalt der Funde und wurden, bezeichnend durch die Probleme die solche Arbeiten machten, von Merton[54] sehr gelobt.

In einem Artikel, der am 25. Januar 1923 erschien, berichtete Merton über eine königliche Couch, die aus dem Grab ans Licht kam. Dabei waren Massen von Zuschauern anwesend, die schon seit dem frühen Morgen am Grab warteten, bis dann endlich gegen zehn Uhr vormittags der Fund sichtbar wurde. Die Mengen von Besuchern waren so außer sich, so wild auf ein Foto von dieser Couch, dass sie fast mit dem Möbel zusammengestoßen wären, als sie es fotografieren wollten. Aber Carter und ein Polizist, der extra zum Schutz des Transports der Funde von einem Grab zum anderen abgestellt worden war, achteten darauf, dass nichts passierte.

Der Exklusivvertrag wurde Ende Januar Bestandteil eines jeden *Times*-Artikels. Am 31. Januar 1923 konnte man unter der Überschrift folgende Zeile lesen: „The Times world copyright, by arrangement with the Earl of Carnarvon."

Nun war es offiziell, die *Times* hatte das Exklusivrecht an der Berichterstattung aus dem Grab von Tutenchamun und aus dem Tal der Könige.

II 13. Reaktionen der Presse auf den Exklusivvertrag

Nun brach ein wahrer Sturm der Entrüstung los. Der *Daily Express* schrieb am 10. Februar 1923 unter dem Titel „Tut-ench-Amun GmbH" einen Artikel, der den Zorn der Presse, die die aufbereiteten Informationen von der *Times* kaufen musste, wollte sie konkrete Neuigkeiten bringen, widerspiegelte. Zwar bewunderte der *Daily Express* das Selbstvertrauen und die Ausdauer, die dem Unternehmen Lord Carnarvons eine so großartige Belohnung eingebracht hatte. Doch fiel es ihnen schwer, die Art und Weise zu billigen, in der er seinen Fund in Bargeld umzumünzen gewillt war. Das Grab sei schließlich nicht sein Privatbesitz, denn er grub nicht die Gebeine seiner Vorfahren in den Waliser Bergen aus, sondern einen Pharao im Lande der Ägypter. Indem er aus dem Inhalt des Grabes ein Staatsgeheimnis machte, hatte er die Mehrheit der einflussreichsten Zeitungen gegen sich.[55]

Die *Times* versuchte Carnarvons Ehre zu retten, indem sie sechs Tage später unter anderem schrieb, dass der Exklusivvertrag der einzige Weg sei, dass alle Pressevertreter umfassende Nachrichten bekommen konnten.

In anderen Zeitungen wurde gefordert, dass die Erforschung der Schätze und die Verteilung der Nachrichten an alle Zeitungen nicht behindert werden dürfe. Die Regierung sollte einschreiten, wenn der Vertrag mit der *Times* nicht gelöst würde.

---

54 Sie verdienen wirklich alle Hochachtung. Durch ihre Arbeit kann man die Stücke im Museum sehen, fast so wie sie aussahen, als sie gefunden wurden.
55 Vgl. Hoving, S. 129

Die Ansichten der anderen Zeitungen waren beinahe gerechtfertigt, denn sie waren, auch wenn sie ihrerseits einen Vertrag mit der *Times* abgeschlossen hatten, immer abhängig von Informationen aus zweiter Hand. Wenn sie das nicht hatten, wurden zum Beispiel Berichte und Reportagen über Ägyptologen oder moralische Ansichten gebracht, weil man nichts anderes hatte, was man über das Grab hätte berichten können. Die Zeitungen waren so uninformiert, dass man, als die zwei Wächterstatuen aus dunklem Holz aus dem Grab gebracht wurden, lesen konnte, dass Carter zwei riesige Affen aus dem Grab geschafft hätte. Da sie, um geschützt zu sein, verpackt waren, konnte man nicht viel sehen, so wurde einfach spekuliert.

Die *Yorkshire Post* beschäftigte sich mit den Ansichten der einheimischen Bevölkerung. Am 29. Januar 1923 schrieb sie, dass diese eine wachsende Abneigung gegen die Archäologen habe. Die Engländer würden einen sakrilegen Vandalismus betreiben, um Museen, Besucher und Touristen zu amüsieren und die Wissenschaft zu befriedigen. Was würden sie sagen, fragte die Zeitung, wenn ein prominenter, ägyptischer Offizieller in einigen Jahrhunderten einen Schacht im Kensal Green in London untersuchen würde, um die englischen Toten zu erforschen. Damit sie sie dann in Museen ausstellen oder an obskure Geschäftsleute verkaufen könnten.[56] Starke Worte, die die Abneigung vieler Ägypter darstellte. War es Neid, dass Engländer das Grab entdeckten oder war die Entrüstung echt?

Fotos von den Stauten in situ waren nur in der *Times* vom 30. Januar 1923 abgebildet.[57] Auch wenn man in der *Illustrated London News* Farbfotos der Funde sehen konnte, so hatte die *Times* immer noch das Monopol. Man musste auf Zeichnungen zurückgreifen, die teilweise von Fotos abgezeichnet waren. Es kam sogar so weit, das man sich Dinge ausdachte. So beispielsweise eine eher romantische Darstellung von der ersten Begehung der Vorkammer des Grabes.[58]

Am 14. März 1923 schrieb Arthur Mace in der *Morning Post* die Gründe dieses Vertrages mit der *Times* nieder.

„Our interest in the tomb is purely scientific [...] we deeply resent being exploited in this way by irresponsible mischiefmakers."[59]

Die Konflikte mit anderen Zeitungen wurden derweil heftiger. Negativschlagzeilen über Carter und Carnarvon machten, wie heftige Spekulationen die fern jeder Wahrheit waren, fast überall die Runde.

Die Journalisten, denen der Zutritt zum Grab immer noch verweigert wurde, stürzten sich auf kleinste Kleinigkeiten und machten daraus eine gigantische Story. Als sich eines Tages der Himmel bewölkte und man einen extrem seltenen Regen vermutete, dessen Wasser schlimmstenfalls ins Grab eindringen und

---

56   zum Vgl. Reeves, „Before Tutankhamun", S. 159
57   Anhang S. 125
58   Anhang S. 126
59   Frayling, S. 30

alles vernichten könnte, wurde zum Beispiel in einer New Yorker Zeitung Panik verbreitet. Sie schrieben, dass man sich ernsthafte Sorgen machen müsse. Morgen könnten die unschätzbaren Antiquitäten im Grab total vernichtet werden. Diese Aufregung war noch nicht verflogen, als sich ein *Daily Mail* Reporter darüber beschwerte, dass man ihm nicht erlaubte, die Funde in situ zu fotografieren, weil die Grabbeigaben aus Holz in Flammen aufgehen könnten.

Am 08. Januar 1923 war in der *New York Times* zu lesen, dass es aus der Sicht der Touristen vor dem Grab Tutanchamuns ein langweiliges Wochenende war. Außer dem Thron am Freitag war nichts mehr aus dem Grab gebracht worden. Für das Grabungsteam gab es allerdings Aufregung genug, las man weiter, als es entdecken musste, dass sich eine große Ratte in dem Grab eingenistet hatte, die an den wertvollen Objekten nagen würde. Alle hätten die Ratte erfolglos gesucht, bald wurde eine Falle aufgestellt und gehofft, dass sie sich dort verfangen würde und nicht an die Schätze ginge. Es wäre das Schlimmste, was passieren könne, wenn einige Objekte, nachdem sie unter großen Kosten und Mühen behandelt worden waren, nunmehr von Ratten zerbissen würden.

Die anderen Zeitungen machten mit ihren Negativschlagzeilen über die *Times* weiter. Der *Daily Express* beschrieb treffend die Situation: Lord Carnarvons Behandlung des Königs Tutanchamun und seines Grabes würde dem Verhalten eines Gentleman gleichen, der einen öffentlichen Getreidespeicher als sein Eigentum reklamierte.[60] Keine der Zeitungen verstand den Exklusivvertrag.

Durch den Vertrag war auch die ägyptische Presse auf die Versorgung mit Nachrichten über das Grab auf die *Times* angewiesen. Die Regierung fühlte sich an diesem Punkt genauso hintergangen wie die ägyptische Presse. Carnarvon war keinesfalls blind gegenüber diesen Entwicklungen. Er sah vielleicht sogar seinen Fehler ein, aber als englischer Gentleman war er von Hause aus genötigt, diesen Vertrag einzuhalten. Durch diesen Umstand brach die Hölle los. Am 11. Januar 1923 schrieb der *Daily Express*: Durch die Übergabe der Presserechte am Tal der Könige an die *Times* handelten Carnarvon und Carter so, als seien die Funde ihr ganz persönlicher Besitz. Die ägyptische Regierung mit ihrem neu erwachten Nationalstolz hingegen vertrete die gegenteilige Auffassung, nämlich dass König Tutanchamun und alle Funde aus seinem Grab nationaler Besitz Ägyptens seien.[61] Dazu kam noch, dass die meisten Besucher, die die Vorkammer betreten durften, Europäer und keine Ägypter waren. So oder so, die Ägypter fühlten sich mehr als übergangen.

Zur Abschwächung muss gesagt werden, dass die einheimische Presse die Bedeutung des Fundes entweder nicht erkannte oder vernachlässigt hatte, denn die Zeitungen waren nach den ersten Wochen der Aufspürung nur mit politischen Nachrichten gefüllt. Das Ereignis der Entdeckung fehlte völlig. Ein Reporter der *Egyptian Gazette*, S.S. Ahram, der in London als Korrespondent lebte, schrieb für seine Zeitung:

---

60 Vgl. Brackmann, S. 132
61 Vgl. auch Brackmann, S. 134

„Die Ägypter in London, die Lord Carnarvons letzten Artikel gelesen haben, sind empört, weil den Ägyptern nur für ihre Wächter- und Arbeitsdienste gedankt wurde."[62]

Jedoch hielt Ahram seinen Landsleuten den Spiegel vor, denn er behauptete, dass es kaum einen Ägypter gäbe, der Ägyptologie studiert hatte.

Dennoch war es eine Schande für die ansässigen Zeitungen und auch für die Regierung, von den so verhassten Engländern abhängig zu sein.

Nach Abschluss des Vertrages mit der *Times* schlossen sich die übrigen Zeitungen zu einem Oppositionskartell zusammen, so bezeichnete es Merton einmal. Zuerst noch in kühler Höflichkeit wurden die Angriffe immer feindseliger. H.V. Morton vom *Daily Express* veranstaltete in den Redaktionsräumen von Luxor Treffen für alle Reporter, abgesehen von denen der *Times*, um einen Kriegsplan zu entwickeln, wie man die *Times* und den Vertrag umgehen könnte. Die Presse schrieb an Lacau und an die zuständigen Stellen der Regierung, um ihrem Ärger Luft zu machen, aber es geschah bis dato nichts.

Die Nachrichtenchefin vom *Reuterbüro*, eine Mrs. Williams, schien dagegen überall zu sein. Sie veranstaltete Champagner-Büfetts für die anwesenden Pressevertreter, wohl um an Informationen zu gelangen, und sie war auch am Grab. Merton bemerkte, wie sie einmal am Eingang des Grabes über seine Schulter auf seine Notizen spähte. Er gab nicht zu erkennen, dass er ihre Anwesenheit bemerkt hatte, schrieb aber auf seinen Block: Es ist wenig damenhaft und sehr unanständig, mir über die Schulter zu gucken, Mrs. Valentine Williams![63]

Die übrigen Journalisten, die sich ausgesperrt fühlten, taten alles, um an Informationen zu gelangen. Die *Times* blieb allerdings nicht ganz so ruhig wie ihr Reporter Merton bei dem Vorfall mit Frau Williams. Sie ging zum Gegenangriff über. Mit der Überschrift verleumderische und grundlose Schmähungen ziehen die Arbeit Lord Carnarvons in den Schmutz[64], wollte das Blatt zeigen, dass der Lord nur aus einem Grund diesen Vertrag abgeschlossen hatte. Er sah ihn als einzigen Weg, die ganze Weltpresse an den Geschehnissen teilhaben zu lassen.

Aber auch die einheimische Presse fühlte sich mehr als hintergangen. Lacau nahm sich dieses Problems persönlich an. So reiste er zu Carter und beschwor ihn, der ägyptischen Presse Auskünfte zu geben. Carter lehnte ab, denn nach seiner Auffassung war die einheimische Presse im Vorteil. Sie bekam die *Times*-Informationen immerhin kostenlos. Carter war hier nicht zu überzeugen.

Im Folgenden wurden viele Besichtigungsbitten an Carter geschickt, von Touristen und Reportern. Eine davon kam von Arthur Weigall, ein Abtrünniger in Carters Augen. Er war, wie schon erwähnt, als Sonderkorrespondent der *Daily Mail* engagiert worden. Ein Feind, den Carter aus tiefstem Herzen hasste.

Weigall, der selbst Fachmann war, also sogar Carters Situation nachvollziehen konnte, schrieb Carter einen Brief. In voller Aufrichtigkeit, die zu diesem

---

62 ebd.
63 Vgl. Hoving S. 131
64 ebd. S. 130

Zeitpunkt zwischen Presse und Ausgräber sehr schwer zu finden war, machte er ihm Folgendes klar: In der Fleet Street, dem Londoner Zeitungsviertel, hielt man von dem Vertrag mit der *Times* so viel, dass man Carter beschuldigte, die heiligen Toten Ägyptens zu schänden und Rechte zu verkaufen, die in Wahrheit dem ägyptischen Volk und der ganzen Welt gehören würden.

Weigall beschwor Carter, dass er ein Statement veröffentlichen sollte, in dem gesagt werde, dass aus dem Vertrag mit der *Times* keine finanziellen Gewinne erzielt würden. Er sollte allen Journalisten Zugang zum Grab gewähren, dass sie berichten konnten, alles Mögliche würde getan werden, um die Funde für die Nachwelt zu erhalten. Carter solle weiterhin allen Zeitungen, auch den einheimischen, die Informationen über eine Sargöffnung am gleichen Tag wie der *Times* zukommen lassen. Er schrieb weiter:

„Ich weiß, sie sind verkannt und beleidigt worden. Aber ich flehe sie an, nicht die Nerven zu verlieren und in Anbetracht der gespannten politischen Lage der einheimischen Presse so weit wie möglich entgegenzukommen."[65]

Carter war wie vom Blitz getroffen. Er empfand dieses Schreiben als ungehörig. Er kam nicht auf die Idee, dass hier ein Ägyptologe, der seine Position durchaus verstand, ihm als Journalist einen unschätzbaren Rat gegeben hatte. Wenn er ihn angenommen hätte, wäre ihm sicher viel erspart geblieben. Aber das entsprach nicht Carters Natur.

Als eine Art Abwehr auf die negativen Artikel der anderen Zeitungen, versuchte es Merton mit einigen hervorhebenden Berichten, die manchmal etwas zu süß ausfielen.

„Die enthusiastischen Zuneigung, die die Einheimischen aller Klassen Lord Carnarvon entgegenbringen, kann kein Auge trocken lassen. Jeder kennt ihn, und alle sind froh, ihn wiederzusehen. [...] Das Volk jedoch weiß, dass Lord Carnarvon die Ägypter liebt. Das ist ganz einfach eine Tatsache. Er liebt Ägypten und ist dem Lande treu ergeben. Auch Mr. Carter hat den größten Teil seines Lebens in Ägypten verbracht. Er versteht das Volk und liebt es - eine Sympathie, die herzlich erwidert wird."[66]

Das war ein ermutigender Gegensatz zur Haltung einiger ägyptischer Zeitungen, die seine Lordschaft aus politischen Gründen aufs Bitterste kritisierten. Diese Worte hatten leider keinen Erfolg. Der Chefkorrespondent der *New York Times* und der ägyptischen *Morning Post*, Bradstreet, nahm das zum Anlass heftiger Besprechungen. In einer seiner Reportagen schrieb er über die amerikanischen Mitglieder des Ausgrabungsteams Folgendes:

---

65 Hoving, S. 136
66 ebd. S. 148

„Wenn sie wieder zurück in Amerika sind, werden sie sich bitter beschweren, denn ein paar energische Korrespondenten haben ihren Landsleuten geflüstert, dass Carnarvon aus ihrem Können Kapital geschlagen hat, während die Herren ihm ja wohl im Interesse der Archäologie zur Verfügung gestellt worden waren."[67]

Bradstreet wollte Carter und Carnarvon von innen heraus vernichten. Das New Yorker Metropolitan Museum schaltete sich ein und war empört. Es wurde an den Verleger der *New York Times,* Adolph Ochs, die Bitte herangetragen, er möge Bradstreets Gehässigkeit einen Riegel vorschieben. Ochs wollte geeignete Maßnahmen ergreifen und forderte seinen Korrespondenten auf, weiterzumachen wie bisher.

Die Probleme mit der Presse gingen unvermindert weiter. Im Februar 1923 vermuteten einige Zeitungen, die sich nicht der *Times*-Pressezentrale angeschlossen hatten, dass die Ausräumungsarbeiten der Vorkammer absichtlich verzögert würden. Es solle Probleme mit der Regierung wegen der Öffnung der Sargkammer geben. Merton, und damit die *Times*, reagierte sofort. Der Vorwurf, dass die Zeit zwischen der offiziellen Eröffnung am 29. November 1922 und der Rückkehr Lord Carnarvons am 29. Januar 1923 für den Abtransport aller Fundstücke mehr als ausreichend gewesen sei, entbehre jeder Grundlage, schrieb er.

Neben den Presseproblemen zwischen Carter und der Regierung stand auch die Frage nach der Aufteilung der Funde. Die Fundaufteilung von schon einmal beraubten Gräbern war nicht so einfach. Die Entdecker erwähnten immer, dass das Grab beraubt war, denn da gab es gewisse, für die Ausgräber vorteilhafte Regelungen der Fundaufteilung.

II 14. Die Presse in Deutschland

In Deutschland hatte man weniger Interesse am Grab, als an den Sympathien, die man den Deutschen in Ägypten mehr entgegenzubringen schien, als den Engländern. Die Berliner *Vossische Zeitung* schrieb am 01. April 1923, nach einer doch recht interessanten Einleitung, in der es kurz um die Ausgräber, die Geldgeber, die Funde und kleinere Dinge rund um das Grab ging:

„[...] So sensationell dieser Fund auch ist, so ist die Wirkung, die er in England übte, noch viel verblüffender. Niemand ist heute in England auch nur annähernd so populär wie die zwei ungleichen Männer: Lord Carnarvon und der Pharao Tutankhamen, der allgemein nur noch mit dem Kosewort our little Tut genannt wird. Ganz England ist mit der altägyptischen Massensuggestion geschlagen, selbst die Schulbuben wissen viel mehr von Tut als von Nelson, es gibt nach dem Vorbild der gefundenen Kleidungsstücke bereits Handschuhe und Krawatten a

---

[67] ebd. S. 149

la Tutankhamen, und die Teetisch-Erörterung der Pharaonen- Wissenschaft ist zu einem so unerträglichen, gesellschaftlichen Snobismus ausgeartet, daß die Studenten, bereits durch Aufführungen von Parodien und Burlesken gegen den Unfug protestiert haben. Das hat aber nicht verhindert, dass es für die oberen Schichten Englands eine unerläßliche gesellschaftliche Pflicht geworden ist, Hals über Kopf nach Ägypten zu reisen, um noch vor der Schließung des Grabes eine persönliche Besichtigung vorzunehmen, sich in der Eingangstür des Grabes fotografieren zu lassen, kurz um, auch dabei gewesen zu sein. Die Reisebüros hatten plötzlich goldene Zeiten, sie veranstalteten Reisen ins Pharaonengrab unter wissenschaftlicher Führung, die in den Fahr und Hotelpreisen in der festen Summe schon mit einbegriffen war. Die Meldebücher der Luxushotels in Kairo und Luxor wurden zur endlosen Liste der ganzen Londoner Gesellschaft. [...] Und dies alles geht so in England vor sich, dies alles ist das einzige und beinahe ausschließliche Interesse des Landes, in einer Zeit, da die Welt in Brand steht und weltpolitische Fragen aufgeworfen sind an deren Entscheidung das britische Weltreich ein mehrfaches Lebensinteresse haben müsste. Ist dies noch immer Nachkriegsmüdigkeit, die immer andauernde Flucht aus der Politik, aber ist dies schon Vorzeichen einer politischen Dekadenz, die auch schon Engländer selber, zur Erklärung des seltsamen und ungewohnten politischen Inaktivität, feststellen zu können glauben?"

Man las im letzten Teil des Artikels mehr Kritik als Bewunderung für die Engländer, nicht für den toten König und sein Grab. Es wurde vielmehr deutlich, wie Deutschland immer noch an dem Versailler Vertrag zu knabbern hatte, und dass die Engländer sich mehr darum kümmern sollten. Erstaunlich war auch, und daran ist das Monopol der *Times* schuld, dass in diesem Artikel keine aussagekräftigen Fotos abgedruckt waren. Lediglich ist ein unbedeutendes Foto vom Tal der Könige ist zu sehen. Andere Bilder sind Zeichnungen, die den Lord, Funde und die Touristen-Wallfahrt zeigten. Nach dem Artikel folgte eine Werbeanzeige, die für Weinbrand warb.

„Wieder ein kostbarer Fund in den neuentdeckten Grabkammern des Pharao Tutankamen: Eine Kiste uralten, echten Thürmann Weinbrand."

In Anbetracht des Artikels vorher, war das fast eine Karikatur über die Berichterstattung, das Grab und beinahe über den Fund selbst.

II 15. Fotos

Das Besondere an dem Fund, dass die Faszination wohl auch ausmachte, waren die fortgeschrittenen Möglichkeiten der Dokumentation. Fotos zu machen war eine wichtige Aufgabe, um die Funde und die Zustände in der Grabkammer festzuhalten. Carter war sich dessen bewusst, und so holte er sich Harry Burton, einen der besten Fotografen die es auf diesem Gebiet gab. Er arbeitete zwar, wie schon erwähnt, für das New Yorker Metropolitan Museum, aber es war den Verantwortlichen dort eine Ehre, ihn Carter zu borgen.

Die ersten Fotos vom Inneren des Grabes erschienen in der London *Times* am 30. Januar 1923.[68] Sie zeigten die Vorkammer und die unglaublichen Schätze darin. Dem Betrachter aber, der mit anderen Augen als ein so genannter normaler Zeitungsleser sah, stellte fest, dass auf diesem Bild mehr zu sehen war, als nur die Kammer und eine vermauerte Wand. Eine Truhe, etwas Rohr und ein Korb waren strategisch so an die Wand gestellt worden, dass sie etwas verbergen sollten. Es handelte sich keinesfalls um Unordnung, die vermeintlich antike Grabräuber gemacht hatten, bevor sie geschnappt wurden. In einem Artikel der *Times* mit dem Titel: „Grab oder Versteck - Das Geheimnis der versiegelten Kammer" schürte der Lord selbst eine Hoffnung, das dahinter mehr als nur ein leerer Raum sei. Bereits einige Monate vorher, am 05. Dezember 1922, verkündete er: „Wir werden Tutankamen finden!" Der Earl entfachte weiter die Hoffnung, dass dort sicher der König in seinem Sarg, umgeben von einem Schrein, ruhen würde. Wie er das wissen konnte ist ganz klar. Er schöpfte aus den Erfahrungen des heimlichen, nächtlichen Rundgangs durchs Grab. Da ein solches Grab noch nie gefunden wurde, konnte niemand, der nicht schon einen unbemerkten Blick hineingeworfen hatte, so etwas wissen.

Auf diesem Foto ist besonders gut ein Korb zu sehen, der vor der Wand die zur Sargkammer führt, platziert worden war. Er sollte ein schnell wieder zugemauerte Loch verstecken, durch das die Ausgräber hineingeschlüpft waren. Da niemand von dem Rundgang wusste, außer der vier Beteiligten, beachtete man die besondere Platzierung des Korbes nicht.

Da nur in der *Times* die Fotos erschienen, sah sie sich anscheinend kein anderer Journalist genauer an. Sicher, sie lasen zwar die *Times*, aber so wie andere Leser auch.

In diesem speziellen Fall hilft heute noch die Publikation dieses Fotos zu beweisen, dass sich dieser nächtliche Rundgang ereignet hat, auch wenn er immer wieder dementiert wurde.

Allgemein gesehen wurden durch die Fotos das Grab und der Inhalt für jeden Leser greifbar, besonders für die, die es sich nicht leisten konnten nach Luxor zu reisen oder nicht in das Grab hinein durften.

Die Bilder erschienen nach Januar 1923 kontinuierlich in der *Times*. Hier natürlich in schwarzweiß, später dann in Farbe in der *Illustrated London News*. In

---

68   Anhang S. 125

dieser Zeitschrift wurden besonders die bereits restaurierten Funde in Farbe abgedruckt. Die Bilder der Dinge in situ blieben aber der *Times* vorbehalten.

Am 06. Februar 1923 konnte man in der *Times* unter der Überschrift: „Royal Engagement" ein anderes Foto bestaunen. Es zeigte ein geschlossenes Eisengitter, das die Vorkammer vor unbefugten Besuchern und Dieben schützen sollte. Im Hintergrund konnte man gut die Dinge erkennen, die sich im Grab befanden. Betten, Kästen und Tutenchamuns Aufbewahrungsbehälter für Nahrungsmittel waren recht gut zu sehen. Unter dem Bild stand die Erklärung der Dinge, die man auf dem Foto sah.

Einige Tage später war eine große Seite voller Fotos in der *Times* abgedruckt. Damit der Leser wusste, wie die Situation vor Ort war, fand er ein Bild vom Tal der Könige von oben. An den wichtigsten Stellen waren Hinweise eingefügt, wo sich das Labor befand, wo das Grab, wo die Dunkelkammer und wo die anderen Gräber lagen. Daneben wurde Carter beim Einpacken von Funden außerhalb des Grabes gezeigt. Er bereitete die Transportkisten vor. Immer wieder sah man aber auch Bilder von Touristen, die sich zum Beispiel in Sänften zum Grab tragen ließen. Jeder Leser war im wahrsten Sinne des Wortes im Bilde, wie es in dem Tal zuging.

Burton, der alle Fotos vom Grab machte, war ein genialer Fotograf. Er hatte aber auch einige Probleme, die Dinge im Grab so auszuleuchten, dass man das optimale Ergebnis erzielte. Zum Verständnis seiner Arbeit erschien am 15. Februar 1923 in der *New York Times* und am 16. Februar 1923 in der Londoner *Times* ein Artikel, der die Arbeiten des Fotografen in einem solchen Grab beschrieb. Burton berichtete selbst von der Bedeutung seiner Arbeit. Bevor die eigentlichen Ausgrabungsarbeiten beginnen konnten, mussten die Funde dokumentiert werden. Eine unentbehrliche Arbeit, die für spätere Auswertungen und auch heute noch von großer Bedeutung sind.[69]

Im weiteren Artikel beschrieb Burton einige Funde, die als Fotos auch in der Zeitung zu finden waren. Er erklärte die Schwierigkeiten der Beleuchtung und des Kolorierens. Der Fotograf stellte den gesamten Prozess ausführlich dar, von der Fotografie in situ, der Dokumentation des Ausräumens, den Fotos im Grab nach dem Ausräumen und letztlich die Farbgebung der Bilder, die die Funde noch plastischer machten und sie den Lesern noch näher brachten. Eine großartige Leistung und ein sehr interessanter Bericht in den Zeitungen. Die Artikel waren beide fast identisch.[70] Weder Sensation noch Funde wurden beschrieben, nur die Arbeit des Fotografen. Ein Hintergrundbericht, der die Leser aber ebenso faszinierte, wie die Ereignisse im Grab und die Funde.

---

69   Mit diesem Artikel setzte die *Times* eine Art Serie fort. Denn bereits eine Woche früher, am 07. Februar 1923, kamen hier die Mitglieder des Grabungsteams zu Wort. Alle beschrieben ihre Arbeit und deren Bedeutung.

70   In der *Times* fand man Burtons Artikel als Ergänzung unter einem Bericht über die Schreineröffnung. Die *New York Times* konnte nur mit seinem Artikel aufwarten.

II 16. Film

Carter und Carnarvon machten sich damals nicht nur über Exklusivverträge mit Zeitungen Gedanken. Sie überlegten auch eine andere, noch eingehendere Wirkung zu erzielen, die noch Gewinn bringender schien: die Verfilmung ihres Abenteuers, des Fundes. Carnarvon schlug sogar der MGM vor, ein Filmkonzept und einen Vertrag vorzulegen. Er ging nicht nur davon aus, dass dieses Unternehmen Kinogeschichte schreiben würde, er spekulierte darauf, dass es einer der größten Erfolge überhaupt sein könne.[71]

Die Hollywoodbosse zeigten wirklich Interesse für den Fund und seine filmische Vermarktung. Die MGM schien die schnellste Vorahnung zu haben, was dieses Grab den Filmemachern bringen könnte, natürlich durch Carnarvon selbst angeregt:

„One of the biggest and most profitable events in film history."[72]

Allerdings hatten die Filmemacher und Studiobosse nicht nur die Fiction im Sinn. Es ging ihnen vielmehr um einen Lifebericht vom Grab. Die Möglichkeiten des Films waren zu dieser Zeit schon so ausgereift, dass man eine Kamera aufstellen konnte und die Bergung der Dinge filmen konnte. Das erste Mal in der Geschichte des Films arbeitete er mit der Wissenschaft zusammen und verhalf ihr so ein wenig mehr zu Popularität.

Eine amerikanische Wochenschaugesellschaft wollte daraufhin die Ausräumung des Grabes filmen. Was bereits ein Alptraum für Zeitungsreporter war, bekamen die Filmleute auch zu spüren. Als ein Streitwagen aus dem Dunkel des Grabes ans Tageslicht kam, und sich die Kameramänner gerade bereit gemacht hatten, wurde eine Decke über den Fund geworfen.

Eine europäische Filmfirma hatte mehr Glück. Sie platzierte sich ein wenig weiter weg vom Grab auf einem nahen Hügel, und machten Aufnahmen mit einem Teleobjektiv, das gleich darauf für Schlagzeilen sorgte. Am 13. Februar 1923 schrieb die *New York Times* unter der Überschrift: „Use Telescope to Get Pictures" einen Artikel über eine Filmgesellschaft, die versuchte, aus weiter Entfernung Bilder vom Grab zu machen, mit Hilfe eines, als Teleskop bezeichneten Teleobjektivs. Nach einer Diskussion mit Carter mussten diese Filmarbeiten eingestellt werden. Kurz darauf schrieb die Londoner *Times*, dass noch keine Verträge mit Filmgesellschaften für einen offiziellen Film über die Ausgrabungen abgeschlossen wären.

Ernest Shipman sicherte sich bald die Filmrechte für die USA und Kanada, für einen offiziellen Film, der über die Entdeckung des Grabes gedreht werden sollte. Er durfte aber keinen Millimeter selber filmen. Shipman war auf das Material angewiesen, das er von einer britischen Gesellschaft bekam. Diese

---

71 Vgl. Hoving, S. 125
72 Frayling, S. 8

hatten vorher mit Carnarvon einen Vertrag geschlossen und Material gedreht, was sie nun zur Verfügung stellten.

Für die Filmindustrie, die nicht Dokumentarfilme sondern fiktionale Filme machte, war die Entdeckung des Grabes mehr als nur guter Stoff. Eine Berliner Produktionsfirma wollte schon 1923 einen Film mit dem Titel „Die Rache des Pharao" produzieren. 1932 kam dann Hollywoods erste Antwort. Der Universal-Film „The Mummy" mit Boris Karloff vereinte alle Klischees, die es zu diesem Thema gab. Die Kritiker waren beeindruckt. Die *Los Angeles Times* schrieb, dass der Film „The Mummy" zu einer Besprechung reizen würde. Er sei der ungewöhnlichste Film, der je produziert wurde und die Darstellung von Boris Karloff weise ihn als einen vollendeten Charakterdarsteller aus.[73]

Dieser Film bildete den Anfang eines Genres, das es heute noch gibt. Dank moderner Spezialeffekte und mit Nullanspruch auf geschichtlich richtige Hintergründe, wurde der Film mehrmals in den Jahren und Jahrzehnten danach wieder zu einem Kassenschlager. Die Ausgräber konnten aber aus den fiktionalen Filmen keinen Gewinn schlagen.

Nicht nur im fiktionalen Film waren das Grab, die Funde und der tote Pharao Tutenchamun, modern. Bereits 1923 begann man den König regelrecht zu vermarkten.

II 17. Die Vermarktung des Königs

In Amerika kam es zur ersten Vermarktung von Tutenchamun. Die *New York Times* schrieb dazu am 07. Februar 1923:

„Businessmen all over the world are pleading for Tut-Ankh-Amen designs for gloves, sandals and fabrics [...]"

Firmen stritten sich vor Gericht, wem der Name Tut-Ankh-Amen gehörte. Sie wollten ihn gebrauchen, betrieben aber eher Missbrauch, indem sie den Namen für Hüte, Puppen, Spielzeug, Sonnenschirme, Schmuck und Zigaretten verwendeten.

Alles wurde daraufhin ganz ungeniert in ein ägyptisches oder in ein Tutenchamun, Design gezwungen, Mode und Schmuck. Cartier bediente sich am ägyptischen Stil und entwarf eine königliche Kollektion.

Die Londoner *Times* wunderte sich im Februar 1923 über dieses enorme amerikanische Interesse an den Funden. Die im Grab entdeckten Wunder der Kunst hätten bereits einen direkten Einfluss auf viele Bereiche der Dekoration, las man. Die ägyptischen Abteilungen der Museen würden von Modemacher, überlaufen. Sie würden eine Moderevolution vorbereiten, genau wie die Juweliere und sogar die Friseure. Hersteller von Keramik orientierten sich an der neuen Kunst. Das ägyptische Motiv sei überall. Diesseits und jenseits des Atlantik wa-

---

73   Vgl. Brackmann, S. 207

ren sich die Modemacher einig, dass die neuen Kollektionen etwas Ägyptisches haben müssten.

Das Interesse an der Mode des Pharao und an anderen Sachen, basierte auch auf den Berichten von Merton in der *Times*. Durch seine genauen Beschreibungen der Funde, auch der Kleidung, schürte er das Interesse. Am 07. Februar 1923 schrieb er zum Beispiel über die gefundenen Handschuhe, sie seien so klein, dass es sich um Kinderhandschuhe handeln könne. Der König war also nicht erwachsen. Danach begannen Spekulationen um sein Alter und die Herkunft der Frau von Tutenchamun.

Durch die Restauration der Funde, die nicht fortzuschreiten schien, musste Merton einen aufmunternden Artikel schreiben. Selbst er nutzte die Zeit aus, in der wenig passierte. Er beschäftigte sich mit einem Paar gefundenen Sandalen und sprach die Vermutung aus, dass wohl eines Tages die modebewusste Damenwelt dieses Schuhwerk tragen würde. [74] Wie aus einem Artikel, der aus Aufmunterungsgründen geschrieben wurde, Modeideen wachsen würden, war Merton nicht bewusst. Man könnte mutmaßen, dass dieser Einfall von der modernen ägyptischen Mode von Merton kam, ohne dass er es absichtlich wollte.

In der Berliner Modezeitschrift *Styl* war 1923 unter dem Titel: „Modekönigin Kleopatra" folgender Artikel zu lesen:

„Ägypten ist wieder einmal das Wunderland. Kleopatra ist die modernste aller Modedamen, [...] Vorbild für Formen, Farben und Stoffmusterungen. Die Ausgrabungen im Tal der Könige [...], haben die Augen der ganzen Welt auf das geheimnisvolle Land gelenkt; Globetrotter aller Länder, [...] haben den Winter im Nildelta verbracht, um Tut- anch- Amons unterirdischen Totenpalast ihren Besuch abzustatten. Lady Evelyn Herbert, die schöne Tochter Lord Carnarvons, die erste Frau, die die tropisch heiße Grabkammer betreten durfte, brachte auch als erste die ägyptische Mode nach London. Von hier aus nahm sie ihren Weg über die ganze Welt, das zeigt sich vor allem in den Stoffen. [...] Namentlich die orientalischen und ägyptischen Drucke [...] sind von ganz besonderer Schönheit. [...] Man schwelgt überhaupt in Farben. [...] Sie fallen dadurch auf, daß sie, wie alle orientalischen Gewänder, vorn besonders weit sind. [...] Hier treibt modernes Kunstgewerbe oft ein reizvolles Spiel oder kopiert die ägyptischen Sonnen, Schlangen und Skarabäen. [...]"[75]

Dieser interessante Artikel war ein Beweis dafür, wie mystisch, selbst in der Modebranche, das Grab und seine Funde geworden waren. Durch das Heranziehen von Kleopatra, einer späten Königin, die nicht weniger berühmt war, aber nichts mit Tutenchamun zu tun hatte, bekam der ganze Artikel etwas Profanes.

---

74   Vgl. auch Hoving S. 150
75   Wettengel, S. 56

Solche Artikel schienen Grundlage für Legenden zu sein und haben gleichzeitig aber auch etwas Lächerliches.

In der Zeitschrift *Vogue,* vom 01. April 1923, hatte die Mode bereits ein Rendezvous am Nil. Die Leserinnen konnten sich nicht nur über die Mode, auch über die Schminkgewohnheiten der Damen im alten Ägypten informieren. Unter der Überschrift „The Kohl Pots of Egypt" konnte man unter anderem Folgendes lesen:

> „Among the marvellous treasures found in the tomb of Tutankhamun were many intimately connected with the daily lives of those who occupied this palatial house of the dead. These included wigs, toile accessories, and a Queen's robe, which, we are told, was exquisitely embroidered with semiprecious stones, arranged in a diamond shape. [...] Let us softly pull back the tapestry which hangs before the portal of Ankhenaton's bedchamber, and, with the privilege of the unseen, watch her prepare for the duties of the day. [...] Nubian slaves lead the Queen to her bath, [...] and filled with the amber-toned water of the Nile. [...] In cunning pots of pale porphyry reposes the antimony preparation known as kohl. This black cosmetic, applied to the rims of the eyelids with a pointed reed, increases the size and brilliance of the Queen's eyes till they shine like polished agates..."

Was tat die Presse nicht alles, um das geheimnisvolle Ägypten noch ein wenig zu romantisieren, und damit auch die bis dahin vielleicht uninteressierten Damen als Leserinnen und Interessentinnen für sich zu gewinnen.

Nicht nur die *Vogue* gewann durch solche Artikel Leser und besonders die bis dahin teilweise uninteressierten Leserinnen. Auch Zeitungen wie der *Daily Express* oder die *Illustrated London News*[76] schrieben im März 1923 Artikel, in denen es um Brautmoden und den ägyptischen Einfluss auf sie ging. Einige Tage später berichtete der *Daily Express* von diesem Trend, dass er auch Einfluss auf Möbel habe. Die *Daily Mail* sprang im April 1923 auf diesen Zug auf und brachte einen Artikel mit dem Titel: Sommermode; Luxors Einfluss auf die Saison und Bademode. Das Unvermeidliche sei nun auch gefolgt, die Kleopatra-Creation,[77] hieß es in diesem Artikel. Auch die *Morning Post* war der Meinung, dass ägyptische Mode zu dieser Zeit in England Einzug hielt.

Die Zeitungen hatten nun eine Möglichkeit über Neuigkeiten zu berichten, obwohl sie keine genauen Informationen hatten. Wer einen Vertrag mit der *Times* hatte, wurde zwar mit Grabungsinformationen beliefert, aber erst nachdem diese in der *Times* erschienen waren. Um einmal selbst Neuigkeiten zu drucken, wich man auf den Einfluss aus, den Tutenchamun ausübte. Die Redakteure brachten Artikel über Firmenklagen oder neue ägyptische Moden.

---

76 Vgl. Frayling, S. 16
77 Vgl. Brackmann S. 203

Nicht nur in der Mode, auch in der Architektur war Ägypten modern. So baute ein Herr namens Grauman 1922 in Hollywood ein ganz besonderes Kino, sein Egyptian Picture Theatre. Ein Kino, das von außen und innen eine Mischung aus antikem ägyptischem Palast und Grab darstellte. Auch Gebäude, die nicht als Amüsement für Besucher dienten, wie Kinos, bekamen eine ägyptische Note. In New York zum Beispiel wurde das Chrysler Building mit Ornamenten aus ägyptischen Tempeln geschmückt. Die Fahrstuhltüren zeigen noch heute Verzierungen von Lotusblüten.

Die Kreationen in der Architektur oder in der Mode wurden vom allgemeinen Interesse an Ägypten oder von den Funden aus dem Grab abgeleitet. Was die Zeitungen, die über den Modeeinfluss schrieben nicht wussten, war, wie die Funde zwischen den Ausgräbern und der Regierung aufgeteilt werden sollten.

III. Die Arbeiten am Grab gehen weiter

III 1. Fundteilung

Gaston Maspero, der Direktor der Altertümerverwaltung in Ägypten bis 1917, war ein gutmütiger Mensch. Er holte ausländische Ausgräber nach Ägypten mit dem Versprechen, dass sie die Hälfte des Fundes behalten konnten. Maspero schützte die Ausgräber väterlich, sofern sie eine Konzession hatten, vor lästigen Bestimmungen und den Auswüchsen der Bürokratie. In seinem Nachfolger Pierre Lacau sollten sich alle Ausgräber irren, denn er war nicht annähernd so wie Maspero. Besonders für Carnarvon war die abgegebene Erklärung Lacaus, er plane das Teilungsprinzip zu modifizieren, niederschmetternd.

In der „Authorization to Excavate," die Lord Carnarvon für das Tal der Könige erhalten hatte, stand, dass jedes Grab das intakt gefunden würde, vollständig und ohne Ausnahme, mit allem was darin war, an das Museum in Kairo gehen möge. Sollte das Grab aber einen Einbruch aus früherer Zeit aufweisen, sollten die Mumien, sofern sie vorhanden waren, Särge und historisch wichtige Dinge an das Museum überstellt werden. Der Rest würde mit dem Begünstigten, also dem, auf dessen Namen die Konzession lief, geteilt.[78] Der Lizenzinhaber erhielt zum Ausgleich dafür alle Publikationsrechte.

Die Diskussion über die Verteilung der Funde löste der Lord allerdings selber aus. Er sagte, da das Grab schon einmal geplündert worden war, gehöre der Schatz zur Hälfte ihm. Er wollte Teile davon dem Britischen Museum und dem New Yorker Metropolitan Museum of Art stiften. Die Ägypter waren außer sich vor Wut. Die ägyptische Zeitung *El Ahram* schrieb, dass die Regierung sich dieser Sicht keinesfalls anschließen könne.[79]

Carter ließ daraufhin verlauten, dass das Grab 25 Jahre nach dem Tod des Pharao nicht mehr betreten worden war. Er versicherte, dass der König bestimmt noch in seinem Sarg liegen würde. Diese Aussage nahm die Regierung dahingehend auf, als dass das Grab doch nicht versehrt war. Carnarvon würde also ganz zu Unrecht Teile des Fundes für sich beanspruchen. Die *New York Times* stieß daraufhin in das gleiche Horn wie der *Daily Express*. Carnarvon habe den Stand der Dinge selbst zu verantworten, hieß es da. Er müsse diesen Vorwurf einstecken, weil er sich voreilig die Hälfte des Fundes sichern wollte.

Die Kluft, was die Besitzrechte betraf, ging auch konform mit den immer stärkeren Anfeindungen zwischen Engländern und Franzosen am Nil. Das Chaos schien perfekt zu werden. In Kairo und Luxor breitete sich das Gerücht aus, dass

---

78 Erstaunlicherweise liest man in allen Beschreibungen von Carter und Carnarvon, dass das Grab beraubt worden war. Dem war nicht so, denn die vorgefundene Unordnung hatten keine Grabräuber verursacht. Das Grab war unberührt, seit dem es nach der Beerdigung verschlossen wurde. Die Ausgräber wussten das, wollten aber den Fund durch diese falsche Aussagn zu ihren Gunsten geteilt wissen.
79 Vgl. Brackmann S. 136

Pierre Lacau, als graue Eminenz im Hintergrund, die Besitzansprüche für Frankreich durchzusetzen versuchte. Die englische Zeitung *Westminster Gazett* behauptete, dass eine gewisse französische Gesellschaft versuchte, eine Lizenz wenigstens auf Teile des Schatzes zu bekommen.[80] Der Streit, wem der Grabinhalt gehörte, war in vollem Gange.

Charles Breasted, wieder zurück in Amerika, brachte die Situation gekonnt auf den Punkt, indem er der amerikanischen Presse klar machte, dass ungeachtet des bestehenden Vertrages mit dem Lord, in dem ihm die Hälfte des Fundes zugesichert worden sei, kaum Hoffnung bestünde, dass Ägypten auf irgendeinen Teil an der Ausbeute aus dem Grab verzichten würde. Deshalb würden die einmaligen Objekte entweder den Einheimischen in die Hände fallen, von ihnen verkauft, oder in einem ägyptischen Museum aufgestellt werden.

Den Amerikanern waren diese Anfeindungen suspekt. C.W. Barron, der Besitzer des *Wall Street Journals,* schrieb an seine Zeitung aus Luxor, dass er diese fortwährenden Feindseligkeiten zwischen den zwei großen Alliierten des letzten Krieges nicht verstehen würde. Kein Amerikaner sollte sich in die Auseinandersetzungen zwischen Frankreich und England einmischen, aber Amerika sollte die wachsenden Spannungen zur Kenntnis nehmen.[81]

Durch die Reibereien mit den Behörden und durch die Anfeindungen der restlichen Weltpresse standen Carter und Carnarvon kurz vor einem Nervenzusammenbruch. Die Freude über die Entdeckung, der Spaß an der Arbeit, schien Kummer zu weichen. Es kam zu einem heftigen Streit zwischen den beiden. Obwohl sie Nachbarn auf der Westseite des Nils waren und die einzigen Menschen dort, ignorierten sie sich. Kollegen versuchten die Situation zu entschärfen, was ihnen aber nicht gelang. Die Presse hatte wieder ihre Story. Der Londoner *Star* schrieb, dass wo es Aas gab, auch die Aasgeier nicht weit seien. Die Aasgeier waren kräftig dabei, aufeinander einzuhacken. Bisher erklärten die Ausgräber einstimmig, dass die Bergung der Funde und das Auswickeln der Mumie aus rein wissenschaftlichem Interesse geschehe, schrieb der *Star* weiter.[82] In Wirklichkeit jedoch waren die Publikations-, Foto- und Filmrechte und all die anderen Gewinn bringenden Vereinbarungen noch viel wichtiger. Die *Times* ließ diese Situation auch nicht kalt. Zu Gunsten der Ausgräber war zu lesen: Meine Beute, nein, meine, sagte die ägyptische Regierung. Nein, ganz bestimmt unsere, riefen andere Aasgeier im Chor, und schon flogen die Fetzen. Carter und Carnarvon waren in der *Times* die unschuldigen Opfer.

---

80   ebd. S. 139
81   ebd. S. 140
82   ebd. S. 142

III 2. Was ist hinter der Wand?

Im gesamten Grabungsteam entstand eine gewisse Missstimmung. Auch wenn sich Carter und Carnarvon wieder ausgesöhnt hatten, die Probleme waren keinesfalls ausgestanden.

Seit Beginn der Berichterstattung, nach der Eröffnung der Kammer mit den „wundervollen Dingen", konzentrierte sich die Erwartung der Öffentlichkeit auf das, was hinter der vermauerten Wand war. Im Februar 1923 war in der *Times* zu lesen, dass Lord Carnarvon und Howard Carter auch bloß Menschen seien. Sie müssten jedoch in gewissem Maß auf den Rest der Welt Rücksicht nehmen, denn es schien, dass die halbe Welt aus reiner Ungewissheit verrückt werde, sollte der entscheidende Schritt noch länger auf sich warten lassen.

Die Ausgräber hatten es im Februar 1923 geschafft. Die Vorkammer war ausgeräumt und man konnte sich nun an die Eröffnung der vermauerten und von zwei Wächterstatuen bewachten Wand machen. Am 16. Februar fand endlich die offizielle Eröffnung der Sargkammer statt. Hierzu waren nur geladene Gäste zugelassen, wie Elisabeth, die belgische Königin, die man erwartete, und insgesamt 39 ägyptische, europäische und amerikanische Persönlichkeiten. Die Presse, abgesehen von der *Times*, wartete am Eingang des Grabes. Ein Reporter des *Daily Express* schrieb, dass der Lord ganz blass aussah, als er langsam in die Dunkelheit hinunterschritt. Ganz gleich wie wenig abergläubisch ein Mann sein mag, der Einbruch in ein Grab löse wohl Gefühle aus, die selbst die Zeit nicht mehr auslöschen könnte.[83]

Die *Times* schrieb an dem Tag, am 16. Februar 1923, von Hoffnungen, den König vielleicht sogar in seinem Sarg liegend zu finden. Als Carter die Wand eingerissen hatte, wartete man nur noch auf die belgische Königin, dass man die Kammer dahinter offiziell eröffnen könnte. Danach folgte ein Artikel über die Konservierung der Funde und, wie schon erwähnt, Burtons Bericht über seine schwierige Arbeit als Fotograf.

Obwohl nur der Vertreter der *Times* bei der Sargkammeröffnung anwesend war, schien auch ein Phantom dabei gewesen zu sein, ein Waller Mecham, den niemand kannte und besonders nicht erkannte. Unter diesem Namen konnte man kurze Zeit später erstaunlich präzise Berichte über die Öffnung der Sargkammer - in der *Daily News* und in dem *Christian Science Monitor* - lesen. Dieser Mann schien fast noch besser informiert gewesen zu sein, als Merton, der immerhin von Carter persönlich seine Informationen erhielt. Der *Times*-Exklusivvertrag wurde sichtlich unterwandert.

Erst Jahre später stellte sich heraus, wer es war. Es handelte sich um Charles Breasted, der Sohn und Sekretär des Ägyptologen James Henry Breasted, einem Freund der Ausgräber.

Carter trieb die Presse an diesem Tag aber auch absichtlich in das Chaos. Je länger die Arbeiten im Grab dauerten, desto schlimmer wurde die Spannung

---

83 ebd. S. 111

draußen. Die Presse stürzte sich auf jeden Informationsbrocken. Es sollten unzählige Mumien und auch riesige Katzenstatue gefunden worden seien. Sofort wurden die Nachrichten an die Redaktionen geschickt. Erst am späten Abend, als es zu spät war die Meldungen zu revidieren, erfuhren die Reporter, dass das frei erfundene Informationen waren, die Carter absichtlich verlauten ließ. Das nahmen ihm die Vertreter der Weltpresse verständlicherweise extrem übel. Er machte sie sich selber immer mehr zum Feind.

III 3. Der *National Geographic* vor Ort

Interessant ist an dieser Stelle der Bericht des Reporters der Zeitschrift *National Geographic*. Er war einer der Journalisten, die zu diesem Zeitpunkt in Luxor waren. Am 17. Februar 1923 erschien sein Bericht in dieser Zeitschrift.

In dem mehrerer Seiten umfassenden Artikel „At the tomb of Tutankhamen" beschrieb Maynard Owen Williams seine Erlebnisse in Luxor und im Tal der Könige. Der Journalist war einer von vielen anderen die am Grab warteten, um Informationen und Bilder von Funden zu bekommen, die aus dem Grab getragen wurden. Dieser Bericht vom 17. Februar 1923 war, anders als die der *Times* oder der restlichen Presse, aus einer besonderen Perspektive geschrieben; aus der eines Reporters, der einer unter vielen war. Der *National Geographic* war schon immer für seine vom Korrespondenten selbst erfahrenen Ereignisberichte bekannt. Das behielt man auch bei dem Grab des Tutenchamun bei. Der Reporter war in Luxor und all seine Erlebnisse schlugen sich in seinem Bericht nieder, zusammen mit faszinierenden Fotos, die so in der *Times* natürlich nie zu sehen waren.

Auf eine allgemeine Landbeschreibung folgen Angaben über die Touristen in Ägypten. Daraufhin gab Williams einen kurzen Einblick in die Historie der Grabungen im Tal. Der Autor gab zu, dass auch er zuerst nicht verstand, wieso man um ein neu entdecktes Königgrab so viel Aufsehen machte, aber als er von den überragenden Funden hörte, begann er zu verstehen. Es ging ihm so wie vielen Menschen.

Weiter berichtete er, dass er schon einmal in Luxor gewesen sei und lebhafte Erinnerungen an diesen Ort hatte, die aber keineswegs dem ähnelten, was er nun sah. Dazwischen waren immer wieder Fotos, solche, die üblicherweise in Zeitungen und Zeitschriften erschienen. In diesem Falle hatte der Reporter sie sogar selbst gemacht. Einheimische auf mit Zuckerrohr beladenden Eseln waren ebenso oft auf den Fotos zu sehen, wie Anlegestellen am Nil, an denen die Touristen Boote bestiegen, um auf die Westseite überzusetzen. Kamele und unscheinbare Fotos vom Tal der Könige selbst, auf denen man nichts anderes sah als Felsen. Das Problem mit der Veröffentlichung der Bilder und dem Copyright der *Times* war ähnlich dem mit den Neuigkeiten an sich.

Williams war genau zu dem Zeitpunkt in Luxor, als sich auch die belgische Königin dort aufhielt und das Grab und die Sargkammer besuchen wollte. Einen

Tag nach ihrem Besuch fuhr er ebenfalls zum Grab. Dort angekommen spürte er das Wesen des Tals.

„The noonday sun was hot and getting hotter [...] Thus should one approach that hell- hole in the hills where the greatest Pharaohs hid themselves [...]"[84]

Williams wartete am Rande des Grabes zusammen mit anderen Journalisten auf Neuigkeiten oder faszinierende Funde, die herausgebracht werden sollten. Leider bekamen die Reporter nicht allzu viel zu sehen. Viele Schätze wurden verpackt und recht schnell aus dem Grab gebracht, um in einem anderen, dem Labor, wieder zu verschwinden, schrieb Williams. Man könnte hier einen kritischen Unterton herauslesen. Er und viele seiner Kollegen hätten einen Blick auf die Funde verdient, wo doch die meisten schon körperlich angegriffen waren. Er schrieb über einen anderen Reporter:

„[...] He could have used his nose for a red light in the dark room, and on his cheeks he was raising skin as the farmers of Szechuan raise craps [...]."[85]

Die so bildlich beschriebenen Männer waren die, die der Welt die Neuigkeiten dieser großen Entdeckung näher bringen wollten, schrieb Williams etwas erschüttert. Nicht die gepflegten, von der Sonne abgeschirmten Sonderkorrespondenten der *Times*. Letzteres schrieb er nicht, aber deutete es an.

Alle Anwesenden waren von dem Ort eingenommen und verhielten sich auch so. Sie flüsterten, um die Würde dieser Gegend nicht zu stören. Einige Pressefotografen waren dort schon einen Monat und warteten schweigend ab, ob sie nicht doch etwas aus der geheimen Welt festhalten konnten.[86]

Später wurde die Sargkammer für einige Reporter geöffnet. Williams, zusammen mit einer kleinen Gruppe anderer Journalisten, konnte endlich das Grab betreten.

Bis dahin hatte er auch kein Verständnis für die, die Besucher belastenden Vorsichtsmaßnahmen, aber ein Briefmarkensammler aus Beirut ließ ihn das verstehen, schrieb er. Williams selbst brachte die Ausgräber bei seinem Besuch ein wenig ins Schwitzen:

„I started to pick up one of his treasures in my bare hand and he almost cried with pain."[87]

Der Briefmarkensammler reichte ihm damals eine Pinzette, damit er sich die Marken in Ruhe ansehen konnte. Er besonn sich darauf, und versuchte sich mit Vorsicht umzusehen. Nach dieser kleinen Anekdote folgte eine umfassende Be-

---

84 „*The National Geographic Magazine*", Mai 1923,
85 ebd.
86 Faszinierende Bilder von den Wartenden und von Funden, die die Fotografen doch noch vor die Linse bekamen, finden sich im Anhang auf Seite III und IV.
87 „*The National Geographic Magazin*", Mai 1923

schreibung der Gegenstände in der Vorkammer. Williams war nicht weniger beeindruckt als Merton, der für die *Times* schrieb.

Seinen Artikel beschloss Williams mit dem Bericht seiner Rückkehr nach Luxor und einem kleinen Ausblick. Wenn die Mumie dort wäre, was sollte mit ihr geschehen?

Letztlich wurde aber klar, dass Williams beeindruckt vom Grab und seinen Funden war, genauso wie von den Menschen, die zu seiner Besichtigung kamen und den Reportern, die am Rand standen und auf Fotos hofften.

III 4. Immer mehr Schätze

Am 17. Februar 1923 wurde Luxor laut *Times* zum Mittelpunkt der Weltbühne. An diesem Tag durften, wie der *National Geographic* Reporter, einige Journalisten ins Grab. So erfuhr endlich auch der Rest der Welt von den Mauern aus Gold - dem äußeren Schrein Tutenchamuns, der die Sargkammer vollkommen ausfüllte - sowie von den anderen Kostbarkeiten, die sich in der Schatzkammer[88] befanden. Zu dieser so sensationellen Eröffnung eines weiteren Teils des Grabes machte Burton viele Fotos, die man als Fotobericht in der *Times*, am 17. Februar 1923 finden konnte.[89]

Die Siegel der Schreine in der Grabkammer waren bereits erbrochen. Es stellte sich heraus, dass es sich hier um mehrere Schreine handelte, die ineinander geschachtelt waren. Experten wie Breasted und Gardiner wurden am gleichen Tag in der *Times* zitiert.

Der *Exchange Telegraph* spekulierte bereits über den Wert des Fundes, den sie auf 15 Mio. Dollar schätzten. Die *New York Times* verglich am 18. Februar 1923 das Grab mit seinem Gold und den Edelsteinen mit Ali Babas Höhle. Diese schien wie ein Trödelladen gegenüber Tutanchamuns Grab. Aladins Wunderlampe hatte nie solche Schätze erleuchtet, wie sie die Lichter den wenigen Glückspilzen gezeigt hatten, die in die Grabkammer sehen durften.

Die Eröffnung der Grabkammer wurde in dem obligatorischen *Times*-Artikel mit der Überschrift: „Treasures of the Tomb" beschrieben. Die weiteren Überschriften erschienen den Leser zu erdrücken. Die Eröffnung war eine große Sache und musste in der Zeitung auch so verkauft werden. Im Bericht ging es um die Eröffnung, die Carnarvon-Story, um neue Details und um noch mehr Wunder. Der Autor schrieb natürlich auch über die Schatzkammer, die von der Grabkammer abging. Da sie keine Tür hatte, konnte man noch viele andere Schätze sehen, die dort standen; eine Anubis-Statue, Kisten und kleine Schreine. Die Carnarvon-Story beschäftigte sich mit einem Bericht, wie Carter die Wand aus Gold entdeckte. Sie rief noch einmal all die unglaublich abenteuerlichen Dinge ins Gedächtnis, um die Ausgräber richtig zu würdigen.

---

88 Das war ein weiterer Raum, der von der Sargkammer abging und wegen der teilweise vergoldeten Schreine von Carter als Schatzkammer bezeichnet wurde.
89 Das Einreißen der Wand zur Grabkammer ist eines der bekanntesten Bilder: Anhang S. 129

Am Ende schrieb der eigene Korrespondent, unter der ersten Überschrift als solcher tituliert, in einer kleinen Meldung, wie sehr sich doch die Amerikaner für die Schätze in Luxor interessieren würden. Alle redeten darüber, von einfachen Leuten bis hin zu Menschen, die in der Wall Street arbeiteten. Es sei unglaublich, wie groß auch dort das Interesse war. Merton schrieb weiter, dass auch viele Zeitungen wie z. B. die *New York Times* Berichte über das Grab im Tal brachten, natürlich mit den Fotos der Londoner *Times*.

Es schien ein wenig Stolz seitens des Autors durch. Amerikanische Zeitungen druckten Dinge aus der *Times,* sie konnten ja nicht anders. Dieser Umstand schien Merton mit Stolz zu erfüllen und sicher auch den englischen Leser.[90]

Die Meldungen in der *Times* über die vielen Funde aus der Schatzkammer und immer neue Wunder aus dem Grab rissen nicht ab. Ausführlich wurde jedes kleinste Detail beschrieben. Zwei Tage nach der Öffnung der Sargkammer war in der *Times* eine Zeichnung der Schreine zu finden. Das rührte daher, dass Fotos extrem schwer zu machen waren, da zwischen den Schreinen und der Wand der Kammer kaum ein halber Meter Platz war. Der Autor erklärte anhand dieser Zeichnung die Schreine in der Grabkammer und versuchte zu veranschaulichen, wie sie ineinander geschachtelt waren.

III 5. Die Besucher als Schlagzeile

Ende Februar 1923 ging die Grabungskampagne langsam zu Ende. Die Temperaturen im Tal und auch im Grab stiegen stetig an. Carter bereitete alles für eine Schließung vor, um im Herbst weitermachen zu können. Eine Zusammenfassung der Ereignisse füllte noch einmal lange Spalten in der *Times*.

Da man nun keine großen neuen Schätze präsentieren konnte, schrieb der *Times*-Autor über die Besucher, die zum Grab kamen. Natürlich war hier auch die Gelegenheit viele Funde genauestens zu beschreiben, so zum Beispiel eine Statue, die Tutenchamun auf einem Schilfboot stehend zeigt, wie er Nilpferde jagt und anderes.[91]

Die Besucher waren immer schon ein Teil der Berichterstattung, nicht nur in der *Times*, auch in anderen Zeitungen. Dort begriffen die Redakteure bald, dass sich auch solche Meldungen gut verkaufen ließen. Alle Wege führten in dieser Zeit nicht mehr nach Rom, sondern zu Tutenchamun ins Tal der Könige, nach Luxor in Ägypten.

Die *Times* erkannte schnell, nachdem sie den Vertrag mit dem Lord abschloss, dass Tutenchamun noch mehr Potenzial hatte, als von Carnarvon zuerst angenommen. Die damalige Prominenz gab sich die sprichwörtliche Klinke in die Hand. Boulevardnachrichten und Berichte über die Funde waren fast gleichermaßen wichtig. Aus den Berichterstattungen über die Arbeiten, auch in den ansonsten eher nüchternen *Times*-Schilderungen, wurden teilweise gefeierte

---

90   Vgl. *The Times*, vom 19. Februar 1923
91   Vgl. *The Times*, vom 22. Februar 1923

Theateraufführungen mit interessantem und kuriosem Publikum. Es wurde sogar in der *Times* en vouge, unter den Artikeln über die Funde mit dem Stichwort „ankommenden Personen der Woche" die bekanntesten Besucher aufzuführen. Darunter waren unter anderem der Raja von Poona und die belgische Königin.

Natürlich traf sich am Grab die High Society und eine riesigen Menge an Touristen. Durch die Meldungen in fast allen Zeitungen, in denen nicht nur die Funde, sondern auch die anwesenden Besucher interessant waren, wurden die Menschen wie Motten vom Licht angezogen. Selbst amerikanische Zeitungen beschäftigten sich mit den Touristenströmen. So schrieb der *Philadelphia Ledger,* dass Tutanchamun mehr für das Gedeihen des modernen Ägyptens tue, als er wahrscheinlich zu seinen Lebzeiten für das alte Ägypten getan hatte.[92]

Einige Tage später waren in der *Times* Fotos der Funde aus der Schatzkammer abgedruckt. Der Leser konnte dort die gefundenen Kleidungsstücke und Sandalen des Pharao betrachten. Danach folgten Eindrücke der Besucher bei der Bergung.

Die *Times* aber beschäftigte sich nicht nur mit dem Grab in Ägypten, die Regierungskrise war ebenfalls Thema. Man konnte lesen:

„King Fuhad and the Cabinett Crisis"[93]

Ein Thema in das auch Carter ungefähr ein Jahr danach involviert sein wird, dazu aber später mehr.

III 6. Leserbriefe

Bald wurde die *Times* mit Leserbriefen überschwemmt. Man machte sich Gedanken um den Verbleib der Mumie. Am selben Tag war daneben auch ein großer Artikel über die Mumie und den Kanopenschrein abgedruckt.[94] Carnarvon selbst äußerte hier den Wunsch, dass die Mumie im Grab verbleiben solle. Gleichzeitig nahm er jeder Spekulation den Wind aus den Segeln, denn er beteuerte, dass er nie die Absicht hätte, die Mumie unter Glas in einem Museum auszustellen. Carnarvon musste in seinen Ausführungen die Spekulationen und die daraus folgenden Anfeindungen ihm gegenüber widerlegen.

In der *Times* hatte der Leser schon immer die Möglichkeit, auf die Berichte zu reagieren. Natürlich wurden nicht alle Leserbriefe gedruckt, aber einige waren darunter, die als Mittel der PR für die Ausgräber nicht geeignet waren. Etwas wie Demokratie fand der Leser also auch in der *Times.* So konnte man unter anderem folgenden Leserbrief finden, der keine Lobhuldigung an die Ausgräber war. Bischof J. E. Chelmsford schrieb:

---

92 Vgl. Brackmann, S. 128
93 *The Times,* vom 23. Februar 1923
94 Der Kanopenschrein ist der Aufbewahrungsort für die in Krügen mumifizierten Eingeweide des Verstorbenen.

„I wonder how many of us, born and brought up in the Victorian era, would like to think that in the year, says, 5923, the tomb of Queen Victoria would be invaded by a party of foreigners who robbed it of its contents, took the body of the great Queen from the mausoleum in which it had been placed amid the grief of the whole people, and exhibited it to all and sundry who might wish to see it? The question arises whether such treatment as we should count unseemly in the case of the great English Queen is not equally unseemly on the case of King Tutankhamen."[95]

Natürlich konnte man auch eine heftige Diskussion darüber verfolgen, wo man den Toten hinbringen solle, damit er keinen Schaden nehmen würde und für immer sicher sei. Ein Leser schrieb, dass man ihn in eine Kammer der großen Pyramide bringen und für immer verschließen solle.

Auch die ägyptische Presse machte sich Sorgen, was mit ihrem toten König passieren würde. Der *Al-Ahram* berichtete sogar, dass Carnarvon die Mumie nach England bringen lassen wolle. Diese unglaubliche Behauptung entsprang vermutlich einem extremen Flügel der Nationalpartei, die gegen Großbritannien Stimmung machen wollte.

Allerdings nahmen die Spekulationen und Debatten in Form von Leserbriefen aber auch von Artikeln in anderen Zeitungen kein Ende. Bald darauf resignierte Carnarvon und beschloss, gar keine Zeitung mehr zu lesen. Trotzdem war das Thema noch nicht vom Tisch. Die Gemüter der Leser und die der Presse schienen sich gegenseitig zu erhitzen. Bald ging es auch um andere Dinge.

III 7. Geschichtliche Debatten in den Zeitungen

Bereits einige Monate nach der Entdeckung des Grabes begann in der *Times* eine Debatte, die nun immer heftiger wurde. Man wollte anhand des Fundes versuchen, den Exodus genau zu datieren. Daneben wollte man die Geschichte des Monotheismus, den Tutenchamuns Vorgänger Echnaton eingeführt haben soll, klären.

Man darf nicht vergessen, dass diese Diskussion nur in geringem Maße in der *Times* geführt wurden. Die anderen Zeitungen beschäftigten sich viel ausführlicher damit. Das war wieder eine Folge des Exklusivvertrages. Bei dieser scheinbar unerschöpflichen Diskussion konnten viele Zeitungen eigene Artikel bringen, die nicht bereits vorher von der *Times* veröffentlicht worden waren.

Wer war Moses' geistiger Vater und unter welchem Pharao zog das Volk Israel denn nun wirklich aus Ägypten aus? Das waren nur einige Debatten, die geführt wurden. Der Ägyptologe Arthur Weigall, 1923 auf Vortragsreise durch die USA, versuchte die Verwirrung über dieses Thema zu klären. Am 13. Oktober 1923 sagte er in der *New York Times*, dass man abwarten müsse bis die

---

95   *The Times*, vom 05. Februar 1923

Schreine geöffnet seien, dann könne man erst mehr sagen. Damit goss er natürlich Wasser auf die Mühlen.

Selbst in dem noch jungen Medium Radio wurde das Thema diskutiert. In New York hatte es bereits die Öffentlichkeit in seinen Bann gezogen. Im Hörfunk wurde deutlich, wie sehr den Zionisten Tutenchamun zuwider war. Rabbi Solomon Foster rief live dazu auf, dass man mehr an den armen Moses denken solle, als sich vom Reichtum dieses ägyptischen Königs blenden zu lassen. Ägypten sei ein Land, dass das Volk Israel unterdrückt hatte. Schließlich empfing Moses die zehn Gebote, nicht Tutenchamun. [96]

III 8. Die Grabungssaison geht zu Ende

In der *Times* beschäftigte man sich überwiegend mit den Arbeiten zur Schließung des Grabes. Die Vorkammer war zwar komplett leer geräumt, es befanden sich aber noch die Schreine, die dahinter vermutete Mumie in ihrem Sarg und viele Dinge aus der Schatzkammer in der Grabstätte. Merton schrieb, dass man befürchte, dass das Grab bei einem der seltenen, aber wenn dann sturzbachartigen Regenfälle überflutet werden würde. Allerdings hatten die Ausgräber auch Angst vor Dieben. Eine massive Stahltür sollte zum Schutz des Grabes installiert werden. Man sah Bilder in der *Times*, die Carter bei den Vorbereitungen der Schließung zeigten. Als die Arbeiten abgeschlossen waren, wurden die Stufen mit Schutt zugedeckt, auch darüber schrieb die *Times* Anfang März 1923.

Im März gab es weiterhin nicht viel zu berichten. Das Grab war geschlossen und so tummelten sich weder Ausgräber noch hohe Besucher im Tal der Könige. Eine Story musste her und war auch schnell gefunden. Über „The Risk of Robbery" schrieb der *Times*-Korrespondent.

Der Artikel beschrieb, wie schrecklich es wäre, wenn das Grab nun beraubt werden würde. Carter hätte zwar Wachen aufgestellt, die das zugeschüttete Grab beaufsichtigen sollten, aber das Risiko eines Raubes war, laut *Times*, schon gegeben.

Allerdings übertrieb man in diesem Artikel ein wenig, denn so leicht war es nun doch nicht mehr, einfach so in das Grab einzubrechen.

In der Zeit in der man nicht am Grab arbeitete, sollte Tutenchamun in aller Munde bleiben. Der Leser der *Times* konnte sich zum Beispiel in einer der nächsten Ausgaben auf Fotos des Schreins freuen. Unter diesem Artikel, der sich mit den Risiken eines Raubes beschäftigte, wurde die Mitteilung gemacht, dass es Burton endlich gelungen sei, die Fotos vom Schrein zu machen.

In diesem ereignisarmen Abschnitt der Grabung beschäftigte sich die *Times* auch mit „Press and the Treasure"[97]. Der belgische Ägyptologe Jean Capart sagte hier, wie es in der Überschrift hieß, einige klare Worte über die Vereinbarung Carnarvons mit der *Times*. Er brachte Beispiele, in denen in anderen Fällen

---

96   Vgl. Brackmann, S. 205
97   Vgl. *The Times*, vom 14. März 1923

die betroffenen Archäologen nicht so gehandelt hatten. Nach langer Rede, in der er Für und Wider abzuwägen schien, sich aber doch von Beginn an auf Carnarvons Seite stellte, kam er zu dem Schluss, dass man die Entscheidung mit dem Exklusivvertrag respektieren müsse. Man solle den Lord und Carter in Ruhe weiter ihre Arbeit machen lassen, diese wundervollen Schätze ans Licht zu bringen.

Es ist nicht verwunderlich warum dieser Artikel in der *Times* erschien. Die gesamte Weltpresse war immer noch sehr verstimmt über diese Exklusivvereinbarung. Um den Umstand des Vertrages zu erklären, legte ein Mann vom Fach, in dem PR-Organ der Ausgräber, der *Times*, die Gründe dar.

Darunter fand sich aber noch weit Interessanteres. Die *Times* druckte hier einen Brief ab, den Mace, Mitglied in Carters Grabungsteam, an die *Morning Post* geschickt hatte. Diese weigerte sich, den Brief zu drucken, also tat es die *Times*. Sie wollte damit die englischsprachige ägyptische Zeitung vorführen. Ob das für das Verhältnis der Zeitungen untereinander zuträglich war, ist nicht anzunehmen. Merton schrieb:

„In the Morning Post of February 10 your Luxor Correspondent states that the members of the staff of New York Metropolitan Museum are feeling a good deal of annoyance at not being allowed to send information to American newspapers. As the senior member of the Metropolitan Museum staff now working at the tomb of Tutankhamen, I should like to point out that there is not one word of truth in the assertion. Our relations with Lord Carnarvon and Mr. Carter are extremely cordial in every way, and we have never expressed the slightest desire, or felt the slightest wish, to communicate details of the work to the Press of any country. Our interest in the tomb is purely scientific, and we deeply resent being exploited it this way by irresponsible mischiefmakers. Yours truly A. C. Mace."[98]

Natürlich blieben auch diese Artikel nicht ohne Kommentare seitens der Leserschaft. Als eine Zeitung titelte, dass der Lord nicht nur ein für ihn nachteiliges Benehmen an den Tag lege, sondern dass er auch die Archäologie durch den *Times*-Vertrag prostituiere, stellten sich einige Leser auf seine Seite. So versuchte Sir John Maxwell zu erklären, was die Regierung und die andere Presse an Carnarvon und dem *Times* Vertrag auszusetzen hätten. Er schilderte auch, wie schlimm die Anschuldigungen seien, die der Lord über sich ergehen lassen müsse. Die schwerste war wohl die oben genannte, die Prostitution der Archäologie.

In der restlichen Zeit versuchte man in der *Times* geschichtliche Hintergründe zu beschreiben. Mit größter Hochachtung vor dem Toten, der durch den Aufsehen erregenden Fund von Carter und Carnarvon berühmt wurde, erschien ein solcher Artikel. Die Religion zur Zeit Tutenchamuns und die seines berühmten

---

98 *The Times* vom 14. März 1923

Vorgängers Echnaton wurden beleuchtet, Gründe wurden gesucht und verständlich gemacht.

Da es in dieser Zeit nichts Neues aus dem Tal zu berichten gab, musste man, um nicht in Vergessenheit zu geraten, die Geschichte für den Leser aktuell und greifbar machen. Vor allem die Leserbriefdebatten zu dem religiösen Thema rechtfertigten eine objektive Beleuchtung der Religion der alten Ägypter.

Des Weiteren wurde das politische System Ägyptens erklärt und die Probleme der Regierung dargelegt. Manchmal waren auch die Beschwerden der Touristen eine Meldung wert, die, da das Grab verschlossen war, natürlich nicht hinein gelangten. Mace versuchte die Sache durch einen Artikel abzuschwächen. Man richtete Entschuldigung an die Menschen, die gerne das Innere des Grabes hätten sehen wollen, gepaart mit der Beschreibung der Arbeiten der Ausgräber, mit dem ständigen Hinweis, dass die Dinge sehr zerbrechlich seien und es viel Arbeit mache, sie zu erhalten. Anscheinend bemerkte niemand, dass es sich um Wiederholungen handelte, denn so etwas bekam der *Times*-Leser schon öfter vorgesetzt. Das Tal und der Fund sollten so in Erinnerung bleiben. Lucas, Chemiker in Carters Team, stieß in dasselbe Horn. Am 03. April 1923 schrieb er in der *Times* einen Artikel über seine komplizierte Arbeit der Konservation.

Einen Tag später wurde es politisch in der Zeitung. Es berichtete der eigene Korrespondent aus Kairo, dass es einen Konflikt innerhalb des Landes gäbe, einen zwischen der Bevölkerung und der Monarchie. Am Ende seiner Ausführungen schlug er die Hilfe Englands in Ägypten vor.

Die politische Entwicklung interessierte bis vor einiger Zeit niemanden. In diesem Artikel wurden aber auch nicht die möglichen Einflüsse politischer Unruhen auf die Grabung im Tal der Könige angesprochen. Aber nach langer Zeit von Reportagen aus Luxor meinte man, dass die politische Situation mehr zu interessieren begann. Wie heftig diese Auswirkungen auf die Sensation Tutenchamun und den Ausgräber Howard Carter waren, konnte man sich zu dieser Zeit noch nicht vorstellen.

IV. Ein Fluch für die Presse

IV 1. Der Tod des Lord Carnarvon

Seit man die Grabkammer betreten hatte, gab es in der *Times*, wie schon erwähnt in Leserbriefen, heftige Diskussionen nicht nur um die Religion und die im Inneren des Grabes vermutete Mumie, auch über diese Atmosphäre in Ägypten, über die Welt des Übernatürlichen und über ungeklärte Phänomene. Man könnte glauben, all die Menschen, die ihre Meinung in Leserbriefen kundtaten, besonders zu den Mysterien des alten Ägypten, waren nur einige Nervenschwache, wie sie einmal der belgische Ägyptologe Capart bezeichnete. Doch aus den Nervenschwachen wurden bald mehr Menschen, die sich der Meinung anschlossen. Sie waren der Ansicht, die Archäologen hätten ein Tabu gebrochen, wofür sie bezahlen müssten.

Noch Anfang des Jahres 1923, als man an der Ausräumung der Vorkammer arbeitete, wurden die Arbeiten immer unerträglicher. Die Temperaturen im Tal stiegen an und Sandstürme zogen darüber hinweg. Die Konstitution des Lords schien sich täglich zu verschlechtern. Er hatte körperlich zu leiden, z. B. fielen ihm in kurzer Zeit die Zähne aus. Niemand, nicht mal er selbst war sich bewusst, dass es sich um Symptome handelte, die Vorboten einer tödlich verlaufenden Erkrankung waren.

Carnarvon schaffte es nicht nach England zurückzukehren. Er bezog ein Hotel in Kairo. Sein Gesundheitszustand wurde immer kritischer. Am 19. März 1923 wurde seine Krankheit offiziell bekannt gegeben.

Am 05. April 1923, genau 5 Monate nach der Entdeckung der ersten Stufe zum Grab, war Lord Carnarvon tot. Eine Lungenentzündung als Folge einer Sepsis, aufgrund eines Moskitostiches an der Wange, den sich Carnarvon beim Rasieren verletzt hatte, war wohl die Ursache.

Um schneller zu reisen flog Lady Carnarvon aus England mit einem Flugzeug ab. Selbst das war eine Nachricht wert, denn eine Flugreise war damals eine Neuheit und ungewöhnlich.

Die Meldung vom Tod des Lords ging um die Welt.

Carnarvon starb plötzlich und völlig unerwartet. Durch dieses Ereignis in tiefes Entsetzen gestürzt, berichtete *Reuters* aus Newbury, dem Sitz der Familie. Die Nachricht vom Tod des Earl hätte seine Pächter in Derbyshire und Notts, die ihn als genialen und großzügigen Gutsherren kannten, tief bestürzt.[99]

Am 06. April 1923 lautet die Überschrift in der *Times*:

"Lord Carnarvons Death - 16 years work in Egypt - The Luxor Tomb"

---

99 Vgl. Brackmann, S. 146

Merton schrieb einen gigantischen Artikel über drei sehr lange Spalten. Er beschrieb den Krankheitsverlauf, der genau beobachtet worden war, immer in der Hoffnung, dass sich der Gesundheitszustand des Lords bessern würde.

Die einheimische Presse, sowie die Weltpresse äußerten sich in dieser Zeit positiv über die Verdienste des Lords in Ägypten.

Carnarvons Zustand verschlechterte sich zusehends, bis er plötzlich verstarb. Ein großer Verlust für die Welt, besonders wenn man seine Leistungen in Ägypten betrachtet, so wiederholte sich Merton. Die gesamte Presse, so schrieb er weiter, honorierte seine Verdienste um das Land und verfasste wohlgesonnene Nachrufe.

Nach diesem tragischen Teil folgte eine Beschreibung der Karriere von Carnarvon. Im Folgenden konnte man das ganze Leben des Lords noch einmal Revue passieren lassen. Der Lord sei ein großer Entdecker gewesen, las man. Das bezog sich natürlich besonders auf den Fund des Grabes von Tutenchamun. Aber auch private Dinge wurden angesprochen, Carnarvons Eltern, seine Freunde und sein privates Umfeld dargestellt. Das ging so weit, dass man am Ende auch einen Bericht von dem Korrespondenten aus Newbury lesen konnte. Newbury, der Ort wo sich Highclere Castle befand, die Heimat des Lords, war natürlich über den Tod ebenso geschockt, wie die ganze Welt. Aus Respekt vor ihrem berühmten und geschätzten Bewohner wehten die Flaggen in Newbury an diesem Tag auf Halbmast.

Einen Tag später gab es wieder einen Artikel in der *Times*, nicht über den Lord, wie man vermuten würde, es war ein Bericht vom Lord selbst:

„Last Dispatch from Lord Carnarvon."

In einem kursiven Druck ist zuerst zu lesen, dass der folgende Bericht vom Lord geschrieben wurde, bevor er von Luxor nach Kairo aufbrach.

Carnarvon beschrieb hier die Situation am Ende der Grabungssaison. Er ging auf die Arbeiten zum Verschließen ein, auf die Transporte nach Kairo und, wenn die Mumie im Grab wäre, was mit ihr geschehen solle.

Sein Wunsch war es, dass der Artikel erst gedruckt würde, wenn er von Kairo nach London fahren würde. Doch dann erreichte die Welt die Nachricht von seiner Erkrankung, die so schrecklich endete.

Es folgte der letzte Beitrag des Lords über seine große Entdeckung, die auf ewig mit seinem Namen verbunden sein würde und die an dieser Stelle mit großer Honoration und in Erinnerung an Lord Carnarvon abgedruckt wurde. Carnarvon begann mit den Worten, sie seien zum Ende gekommen. Ein Satz, der den Leser erschauern ließ, war er doch auch auf Carnarvons Schicksal anwendbar.

Der Lord beklagte sich aber auch in seinem letzten Artikel. Er berichtete über die Beschwernis eines wöchentlichen Pressetages der eingeführt werden sollte. Bereits der *National Geographic* Reporter wurde ja Nutznießer dieses Pressetages.

Carnarvon schrieb weiter, dass diese Einrichtung die Arbeiten stark behindern würde.

Am Ende seines Beitrages, vom zuständigen Redakteur verfasst, las man dann, dass die Arbeiten in Luxor, trotz des Todes vom Lord, weitergehen würden.

Kondolenzschreiben vom englischen König an den Sohn von Carnarvon, Lord Porchester waren in der *Times* abgedruckt und eines von Königin Alexandra an Lady Almina, die Witwe Carnarvons. Auch trafen viele Beileidsschreiben in dem Hotel ein, in dem die Familie in Kairo wohnte. Lady Almina, Lord Porchester und seine Frau, sowie Lady Evelyn nahmen den Artikel in der *Times* zum Anlass, sich bei allen für ihre Kondolenz zu bedanken. In kleinerer Schrift darunter las man den Hinweis, an welchem Ort der Lord bestattet werden solle.

Ausgestattet war diese Ausgabe der Zeitung auch mit Fotos, die den Lord zeigten. Drei Bilder waren zu sehen, einmal eine Portraitaufnahmen, ein Ganzkörperbild am Grabungsort mit Lady Evelyn und Carter im Hintergrund und einem Bild, wo er und Carter gerade die Wand zur Grabkammer durchbrachen. Überschrieben mit den Worten, der Tod des Lord Carnarvon, erwies die *Times* ihm hier noch einmal die letzte Ehre.

Wenn es eine falsche Zeit dafür war zu sterben, dann nutzte sie Carnarvon. Er trat ab, als die Dinge aus dem Ruder zu laufen schienen. Man hätte mit Diplomatie und Finesse die anstehenden Probleme lösen können. Carnarvon hätte das erreicht. Aber nun stand Carter allein da. Er war zwar ein sehr guter Ausgräber, aber in politischen Dingen, denen er sich nun gegenüber sah, war er genau der Falsche. Dieser Umstand, nicht nur, dass sein Freund tot war, auch dass er keinen Rückhalt mehr hatte und seinen ganzen Charakter ausleben musste, sollte ihm wenig später schwer zu schaffen machen.

Die Arbeiten in Luxor gingen derweil weiter. Obgleich Carter noch in Kairo war, schwer getroffen von dem Tod seines Freundes, arbeiteten die Experten weiter an der Konservierung der Funde. Sie untersuchten die Inhalte der geborgenen Kästen und Truhen und fanden, neben der schon erwähnten Kleidung auch andere Gebrauchsgegenstände die konserviert werden mussten.

Carter war noch Wochen später zu kaum etwas zu gebrauchen. Er konnte sich nicht aufraffen, weiterzumachen. Das Grab war zwar schon geschlossen, aber die Lagerräume und das Labor mussten gesichert und ebenfalls verschlossen werden. Die Saison musste korrekt beendet werden.

In der Zwischenzeit, als Carter sich noch sammelte, brachte die *Times* in einem Artikel Beweise zur Regierungszeit Tutenchamuns. Ein Sonderkorrespondent der *Times* in New York schrieb, dass sich der Beweis über die Regierungszeit des Pharao auf einem Stück Leinen befände, das Theodore Davos 1908 im Tal der Könige gefunden hatte. Auf ihm stand in Hieroglyphen: Regierungsjahr sechs, des Herrschers der zwei Länder, Nebcheperure. Nebcheperure war der Thronname von Tutenchamun.

IV 2. Ein korrektes Ende

Die gefundenen Gegenstände sollten aus dem Tal geschafft werden. Diese Arbeiten musste Carter noch überwachen, bevor er die Saison endgültig abschließen konnte. Am 16. April 1923 fand der Leser darüber einen großen Artikel in der *Times*. Es wurde beschrieben, wie diese Arbeiten vorangingen und wer alles dabei gewesen war. Zum Beispiel schrieb der Autor, dass zuerst Mr. Callender den Abtransport seit sechs Uhr früh überwacht hatte, und dass nach dem Frühstück Carter zu ihm gekommen war, um ebenfalls die Angelegenheit zu beaufsichtigen. Die Funde sollten auf dem Nil nach Kairo geschafft werden.

Man musste die lange Strecke vom Tal bis zum Fluss überbrücken. Da die Funde alle mit sehr großer Sorgfalt zu behandeln waren, entschied sich Carter, die Strecke aus dem Tal mit Schienen verlegen zu lassen. Eine kleine Eisenbahn machte es dann möglich, die Schätze ein Stück näher zum Fluss zu bringen.

Als diese Arbeit getan war, zog endlich wieder Ruhe in das Tal ein. Die Situation war aber anders als vorher. Merton schrieb in der *Times* am 05. Mai 1923 treffend, dass die Hügel für Carter und jeden, der im Tal arbeite, nicht mehr so beruhigend wirken würden. Die Umrisse seien durch den Dunst und die flimmernde Hitze verschwommen. War das eine unverkennbare Warnung vor dem, was einen noch im Tal erwarten würde, fragte er sich. Wenn er wüsste, welche Vorahnungen er damit beschrieb...

IV 3. Ein Fluch?

Besonders bei der Presse löste der Tod von Lord Carnarvon Spekulationen über einen Fluch aus. Man bemerkte schnell, wie gut sich solche Geschichten verkaufen ließen und so kamen viele Autoren auf den Geschmack. Das weit reichende Interesse an Archäologie und Ägyptologie in Verbindung mit dem Okkulten und mit bekannten Namen bescherte Romanen und Kurzgeschichten über dieses Thema eine breite Leserschaft. Am 24. März 1923, also einige Tage vor dem Tod Lord Carnarvons, druckte der *Daily Express* einen Brief ab, den die Autorin Marie Corelli an die *New York World* geschrieben hatte. In diesem Brief warnte sie Carnarvon vor seinem verhängnisvollen Schicksal.

Das schürte die Annahme eines Fluchs, der auf Lord Carnarvon und auf allen lastete, die das Grab betreten hatten.

Die Weltpresse wurde bei der Behandlung dieses Themas nicht eingeschränkt. Plötzlich konnten sie eigene Artikel bringen. Sie wurden nicht mehr durch den Exklusivvertrag behindert. Diesen Umstand nutzten die Zeitungsmacher voll aus. Carnarvon starb nicht an einer Lungenentzündung, das war nur die Ursache, der Grund aber war der Fluch des Pharao! Die *World* schrieb, dass Lord Carnarvon den Preis bezahlen müsse, den jeder zahlen müsse, der es wage, die Toten des alten Orients in ihrer Ruhe zu stören. Vor ihm hätten schon andere gebüßt.[100]

---

100 Vgl. Brackmann, S. 152

Auch in Amerika ging das Gerücht vom Fluch um. Die *New York Times* brachte in übergroßen Lettern, dass Carnarvons Tod die Theorien vom Fluch des Pharao nähren würde.

Am 05. April 1923 schrieb Marie Corelli in der *Daily News* über den Tod von Lord Carnarvon, dass er bestraft würde, weil er in ein königliches Grab eingedrungen war. Die Funde waren wohl mit einem Gift versehen, das sie vor Dieben schützen sollte. Sie fragte sich am Ende, ob der Tod wirklich durch einen Moskitostich herbeigeführt wurde.

Kurz nach Carnarvons Tod stieß Sir Arthur Conan Doyle ebenfalls in das Horn, Carnarvon sei einem Fluch erlegen. Wenn er sprach, sprach Sherlock Holmes, das war schon Aufmerksamkeit wert, denn ein Wort von Holmes konnte die Menschen in Panik versetzen.

Als Doyle am 06. April 1923 die SS Olympic in New York verließ, schrieb die *Morning Post* daraufhin, dass Lord Carnarvon in Gefahr war, seit er das Grab betreten hatte. Doyle meinte nämlich, dass böse Elementargeister die Krankheit verursacht hätten, an der Carnarvon gestorben war. Heute wüsste niemand, dass es so etwas gäbe, aber die Ägypter wussten das.

Am nächsten Tag war in der *Daily Mail* genau das Gegenteil von Doyles Spekulationen zu lesen. So spalteten sich die Zeitungen in zwei Lager. Die *Morning Post* und der *Daily Express* standen mehr zu Doyles Äußerungen, die *Daily Mail* lehnte einen Fluchglauben weiter ab. Letztlich bezogen sich alle Zeitungen auf Autoren, die dieses Thema gern annahmen oder die es strikt ablehnten. Die *New York Times* machte die Headlineschlacht perfekt, denn sie erinnerte sich an Edgar Allen Poes Geschichte „Some words with a mummy".

Am 30. Juni 1923 wurde ein Artikel gedruckt, der sich mit Philip Livingston Poe beschäftigte, einem Mitglied der Poe-Familie. Es war zu lesen, dass auch er, genau wie Carnarvon, nach einem Besuch im Tutenchamungrab eine Lungenentzündung erlitten hätte und als er zurück in Boltimore war, daran gestorben wäre. Auch ihn hätte dieser Fluch des Pharao getroffen.

Daraufhin folgten in vielen seriösen Zeitungen Berichte über unheimliche Artefakte und Hieroglyphenbotschaften aus dem Grab. Alle Zeitungen überschlugen sich mit Spekulationen und Berichten über die Umstände von Carnarvons Tod und anderer Vorfälle.

Plötzlich machte sich auch unter den Sammlern von ägyptischen Antiken Panik breit, besonders in England. Man versuchte sich so schnell wie möglich von den Objekten zu trennen, damit nicht auch sie vom Fluch heimgesucht würden.

Viele Menschen waren sich schnell sicher, dass es kaum eine Mumie in irgendeinem Museum Europas gab, die nicht ihre Unheil bringenden Folgen für die hatten, die mit ihr in Berührung gekommen waren.

Am 07. April 1923 druckte der *Daily Express*: Panik bei Sammlern ägyptischer Altertümer, der Ansturm auf Museen sei riesig, um die Sammlungen zu übernehmen.

Waren das tatsächlich nur unbegründete Ängste, oder gab es den Fluch wirklich? Weiterhin schrieb der *Daily Express*, dass das Britische Museum ein Geschenk des Himmels für die abergläubischen Sammler wäre. Das Museum wiederum würde diese Sammlungen sehr gerne annehmen.

Die Legende vom Fluch der Mumie wurde nun auf alles und jeden angewendet. Der Grund, warum 1912 die Titanic gesunken war, konnte nun auch einer Mumie zugeschrieben werden, so die Berichte. Das Schiff sollte an Bord eine Mumie gehabt haben, die den Unfall verursacht haben soll.

Die Wissenschaftler standen dem fast machtlos gegenüber. Carter versuchte einmal in der *New York Times* klarzustellen, dass er nicht im Geringsten annehmen würde, dass der Lord einem Fluch zum Opfer gefallen sei, und dass er sich um seine Person diesbezüglich keine Gedanken mache. Es sei zu viel von ihm verlangt, wenn er an Spuk oder an Mächte glauben solle, die den toten Pharao bewachten, immer bereit Rache an denen zu üben, die ihr zu nahe kämen.

Alle Ägyptologen die zu diesem Thema befragt wurden, stellten sich auf Carters Seite und dementierten jeglichen Fluch. Die Schlagzeilen über den Fluch ließen sich aber nicht einstellen. Alle Dementis, von wem auch immer, blieben fruchtlos.

Die *Morning Post* fand Erstaunliches heraus. Sie schrieb, dass das Gesicht von Tutenchamun an derselben Stelle, wie das des Lords, einen Moskitostich aufweisen würde.

Neben diesem kleinen Insekt, das Unheil und Tod gebracht haben soll und vorher wohl Gift genascht hatte als es den Lord stach, wurden auch immer wieder Hinweise auf Schimmelpilz gegeben. Der so genannte Aspergillus flavus, ein Pilz der an Leichen, speziell an Mumien und in Gräbern zu finden sei. Es kam so weit, dass behauptet wurde, die Ägypter hätten absichtlich eine Giftatmosphäre um die Mumie geschaffen. Durch die Macht des Wortes konnten so den Mumien Drohungen eingepflanzt werden, die sich immer noch tödlich auswirken würden.

Viele andere Berichte über mysteriöse Selbstmorde, Tode und anderer Ereignisse folgten.

Aus diesem so genannten Fluch entstanden Mythen und Gerüchte, die heute noch lebendig sind und die abergläubische oder unwissende Menschen immer wieder glauben. Die Mystik hatte zugeschlagen und setzte sich in den Gedanken der Leser fest. Die anderen Zeitungen, die sonst immer auf die *Times* und deren Berichte angewiesen waren, konnten nun aus dem Vollen schöpfen. Das, so könnte man annehmen, war auch eine Auswirkung des Exklusivvertrages.

Um den Fluchberichten zu entgehen, druckte die *Times* am 18. Mai 1923 einen Nachruf für Lord Carnarvon. Er enthielt eine Ehrung an ihn und eine Aufstellung seines Vermögens. Es wurde weiterhin ein Auszug aus seinem Testament abgedruckt. Es hieß, dass seine gesamte Ägyptensammlung an seine Witwe Lady Almina ginge. Einige Dinge aus seiner Sammlung vermachte er dem Britischen Museum und dem Metropolitan Museum in New York. Sollte die Sammlung veräußert werden müssen, schlug er vor, Carter die Verhandlungen führen zu lassen, und den Preis festzusetzen.

Letzteres kam nicht von ungefähr und führt auf einen interessanten Hintergrund zurück. Das Gewinndenken kam wieder zum Vorschein, denn Carter sollte einen besonders guten Preis herausschlagen und selbst eine Kommission dafür erhalten. Carter trat bei den Verhandlungen als inoffizieller Vermittler beim Metropolitan Museum in New York auf und verkaufte die Sammlung für 45000 Pfund. Damit war Carter finanziell abgesichert, auch für den Fall, dass die ägyptische Regierung den gesamten Tutenchamunfund für sich behalten würde.

IV 4. Der Exklusivvertrag wird verlängert

Nach dem Tod Carnarvons beantragte Carter eine Verlängerung der Grabungskonzession im Auftrag der Witwe Lady Almina. Der Generalsekretär des Antikendienstes, Quibell, stimmte in diesem Punkt zu, sprach aber das Thema *Times* an. Der ägyptischen Regierung war das schon lange ein Dorn im Auge. Sie versuchte die Lage zu ändern.

Carter erklärte, dass viele andere Zeitungen mit der *Times* eine Übereinkunft, was die Verwertung der Nachrichten anging, getroffen hätten und man nun den Exklusivvertrag mit der *Times* nicht aufgeben könne. Es wären zu viele andere Zeitungen mit betroffen, die ihrerseits von der *Times* abhängig waren.

Schon war die Diskussion um das Exklusivrecht wieder neu entbrannt.

Trotz heftigster Kritik wurde der Vertrag mit der *Times* für ein weiteres Jahr verlängert. Allerdings war er finanziell gesehen nicht mehr so lukrativ wie der erste. Die Höhe des Vorschusses den Carter erhielt, belief sich nur auf die Hälfte des Vorjahres, auf 2500 Pfund. Der Anteil am Weiterverkauf der Nachrichten wurde von 75 auf 50 Prozent gesenkt. Die Redaktion der *Times* rechnete im Allgemeinen mit einem geringeren Interesse an Neuigkeiten aus dem Grab.

Dem war aber keineswegs so. Das Interesse war da und wurde auch noch größer, wenn man die Ereignisse, die sich noch zutragen sollten, betrachtet.

Carter war zwar offiziell gegen diesen Vertrag, aber mit der Zeit konnte er überhaupt keinen Pressevertreter mehr sehen. Er willigte ein, eine Artikelserie für die *Times* zu schreiben. Carter gab damit wieder Anlass zu Anfeindungen, weil er nur für die *Times* schrieb und für keine andere Zeitung sonst.

Am 31. Mai 1923 eröffnete er seinen Bericht mit den Worten:

> „I desire to dedicate these articles to the memory of my genorous friend the Earl of Carnarvon, whose untimely loss the world now deplores. Without his lordship's unselfish cooperation and constant encouragement our joint labours could not have been crowned with success. In the history of Egyptian archaeology his honoured name will ever be remembered."

Nach dieser Ehrerbietung begann Carter mit einem wissenschaftlichen Bericht über das Tal. Er erklärte, wieso es im alten Ägypten als Stätte der Toten ausgesucht wurde und wie feierlich es in diesem Teil des Landes zugegangen war.

Des Weiteren beschrieb er, was die natürliche Umgebung des Tals mit dem Unterweltglauben der alten Ägypter zu tun hatte.

Unter seinem Artikel wies eine redaktionelle Anmerkung auf die Inhalte kommender Artikel von Carter hin. Zum Beispiel sollte die Geschichte der Ausgrabung und der Entdeckung im Tal beschrieben werden, aber auch Allgemeines über königliche Gräber im Tal.

IV 5. Carters Plan

Trotz des verlängerten Vertrages mit der *Times* versuchten die Reporter den Tod des Lords für sich zu nutzen. Sie dachten, dass Carter vielleicht anders verfahren würde. Alle Pressevertreter wollten immer anwesend sein, wenn es etwas Neues zu berichten gab. Sie hegten natürlich alle Verachtung gehen den *Times*-Reporter Arthur Merton, der immer noch als Erster ins Grab durfte, auch wenn noch keine Pressevertreter anwesend sein durften.

Um den Forderungen der anderen Zeitungen, der Presseagenturen, dem Reporter der *New York Times*, Bradstreet, und dem des Reuterbüros gerecht zu werden, sich aber dabei gleichzeitig die Presse vom Hals zu halten, entwarf Carter einen Plan. Er nahm Merton offiziell in sein Grabungsteam auf. So war es ihm möglich, da er nun ganz offiziell zum Team gehörte, das Grab zu betreten und zu verlassen wann er es wollte, ohne den Ärger der anderen Presseleute auf sich zu ziehen, die die gleichen Privilegien beanspruchten, aber diese nicht hatten, da sie ja nicht zum Grabungsteam gehörten. So konnte die *Times* weiterhin exklusiv versorgt werden.

Carter versicherte jedoch, dass die einheimischen Zeitungen nach wie vor die Nachrichten von der *Times* kostenlos übernehmen konnten, während alle anderen hierfür bezahlen mussten.

Carter störten die anderen Journalisten unglaublich. Ihre Fragen und Besichtigungswünsche hielten ihn und seine Kollegen von der Arbeit ab. Er meinte zu ihnen, dass er sehr viel mit dem Grab und seinen Schätzen zu tun hätte und sich nicht im diplomatischen Stil um alle Probleme kümmern könne.

So gesehen hatte Carter wohl nichts aus dem ersten Jahr gelernt. Was daraufhin geschah waren Verweigerungen, Diskussionen, Einverständnisse, Kompromisse, Behinderungen und letztlich Beleidigungen. Carter war berüchtigt für seinen unberechenbaren Charakter. Dennoch gestand er im Vorwort seines Entdeckungsberichtes ein, dass auch er einige Fehler gemacht hätte. Nicht jeder hatte die Diplomatie im Blut, und Carter leider überhaupt nicht.

IV 6. Die Weltpresse will das Monopol der *Times* stürzen

Als Carter die Arbeiten am Grab im Oktober 1923 wieder aufnahm, war die versammelte Weltpresse entschlossen, das *Times*-Monopol zu stürzen. Inoffiziell war es das schon, das wusste von den Vertretern vor Ort aber niemand oder schien es einfach nicht zu bemerken.

Charles Breasted, der Sohn von James Henry Breasted, berichtete in stillem Einvernehmen mit Carter für die *Chicagoer Daily News*. Er schrieb unter dem Pseudonym George Waller Mecham und berichtete nicht nur von der Sargkammeröffnung, sondern bald auch allgemein über den Fortgang der Arbeiten im Grab und über die Vorgänge in der Grabkammer. Diese Ereignisse konnte man auch in der *Christian Science Monitor* lesen, für den Breasted ebenfalls schrieb. Das irritierte die *Times* und stiftete Verwirrung. Erst im März 1924 wurde sein Pseudonym gelüftet.

So gesehen war das *Times*-Monopol schon an dieser Stelle aufgehoben. Aber noch war es offiziell und andere Zeitungen, die ihrerseits einen Vertrag hatten, waren immer noch abhängig davon.

Carter kam im Herbst 1923 nicht allein nach Ägypten zurück. Er brachte einen Kanarienvogel mit, der den Mitarbeitern und ihm Freude bereiten sollte. Eines Tages passierte etwas Merkwürdiges. Obwohl der Vogelkäfig verschlossen war, drang eine Kobra in ihn ein und fraß den gelben Vogel. Die Arbeiter sahen das als böses Omen an. Die Weltpresse machte aus diesem mysteriösen Bericht einen großen Aufmacher auf ihren Titelseiten. Das war ein Ereignis, das sich gut als weitere Fluchgeschichte verkaufen ließ.

Die *New York Times* nannte die Kobra-Kanarienvogel-Affäre einen interessanten Vorfall.

Arthur Weigall, der für die *Daily Mail* schrieb, war nicht nur Journalist, er war ein Ausgräberkollege, auch wenn Carter ihn nicht mochte, er war ein Mann vom Fach. Da es nicht viel zu berichten gab, spekulierte er auch mit am Fluch, obwohl er es besser hätte wissen müssen.

Er hatte mehr Platz für seine Kolumne als irgendein anderer britischer Ägyptologe zu seiner Zeit. Der Platz musste gefüllt werden und seine Lieblingsstory war die mit Carters Kanarienvogel, der von einer Schlange gefressen wurde. So weit hergeholt die Geschichte auch schien, dass eine Schlange in den Käfig eingebrochen und den Vogel gefressen hatte, fand sie dennoch reißenden Absatz.

IV 7. Spannungen zwischen Carter und der ägyptischen Regierung

Nach Beginn der neuen Grabungssaison kam es zu Spannungen zwischen Carter und der Regierung[101], die sich langsam hochschaukelten. Die Regierung fühlte sich durch den *Times*-Vertrag und Carters aufbrausendes Wesen beleidigt und hintergangen. Carter beschwerte sich ständig über die Besucher am Grab und über die Pressevertreter, die seine Arbeiten unglaublich behindern würden. Man konnte sich erstaunlicherweise aber doch auf einen Kompromiss einigen, so schien es zu Beginn.

Sie vereinbarten, dass einmal in der Woche alle Pressevertreter das Grab besichtigen dürften, überschütteten Carter darüber hinaus aber noch mit anderen,

---

101 Über diesen Konflikt mehr im folgenden Kapitel.

teilweise unsinnigen Anforderungen. Ihm blieb kaum noch Zeit für seine eigentliche Arbeit. Durch die Forderungen und Anweisungen verlor er von den ersten 50 Arbeitstagen 40 allein dafür, dass er sich mit diesen Dingen beschäftigen musste. Für den Ausgräber wurde die Bürokratie, zusammen mit seinem etwas starrköpfigen Charakter, zum Fluch.

Carter wurde außerdem von der Regierung unter Polizeiaufsicht gestellt, da man Angst hatte, er könne Teile des Fundes außer Landes schaffen. In Carter brodelte es mehr denn je. Der *Daily Express* schrieb:

"Sein Gesicht war von den schweren Spannungen, unter denen er in den letzten Tagen zu leiden hatte, gezeichnet. Es gibt Grund zu der Annahme, dass es zwischen Mr. Carter und der ägyptischen Regierung zu einer harten Auseinandersetzung kommen muss."[102]

Erstaunlich, wie manche Reporter zu exzellenten Beobachtern wurden, denn sie hatten in allem vollkommen Recht. Die Wolken brauten sich zu einem vernichtenden Gewitter zusammen, das nicht mehr allzu lange auf sich warten ließ.

Am 22. November 1923 berichtete die *Times*, dass die Arbeiten nun fortgesetzt würden. Touristen strömten wieder in das Tal, hieß es. Die innere Kammer solle nun fotografiert werden und die Polizisten, extra abgestellt zum Schutz der Ausgräber, würden ihre Arbeit ebenfalls wieder aufnehmen.

Offiziell wurden die Polizisten zum Schutz der Ausgräber abgestellt, sie sollten nach wie vor den Transport der Funde vom Grab ins Labor überwachen, welche Aufgabe sie von der Regierung aber wirklich bekamen, wusste die Presse nicht.

Die Szenen, die sich am Grab abspielen würden, so schrieb ein Reporter, seien wie eine Fortsetzung dessen, was sich letzten Winter hier angespielt hatte. Viele hätten einen Besuch im Tal gebucht, um sich einige Gräber anzusehen, aber alle blieben dann doch an dem Grab Nummer 62 stehen und machten ihre Fotoapparate bereit. Sie warteten auf Dinge, die aus dem Grab kämen, und fotografierten alles, was ihnen vor die Linse kam.

Die Situation schien sich seit der letzten Grabungssaison nicht geändert zu haben, ganz im Gegenteil, sie schien schlimmer zu werden. Noch standen die Zeichen nicht ganz so schlecht und die Arbeiten wurden fortgesetzt. Carter beugte sich erst einmal, ließ sogar die Pressebesichtigungstage zu. Die *Times*, die immer noch das Monopol der ersten Nachricht bei sich hatte, schrieb wie gewohnt weiter.

IV 8. Vordringen zum Sarg

Ende November 1923 fand man mit Freuden, dass das Siegel am zweiten Schrein noch intakt war. Carter war dabei zum Sarg vorzudringen und die Hoffnung, dass dieser unberührt war, stieg.

---

102 Brackmann, S. 157

Die *Times* berichtete von unglaublichen Funden, die zwischen den Schreinen gemacht wurden. Die Schreine selbst, aus vergoldetem Holz und so groß, dass sie die gesamte Grabkammer ausfüllten, waren aber genauso eine Nachricht wert. Die Kunstfertigkeit der Hersteller dieser Wände aus Gold war überwältigend, hieß es.

Am 04. Dezember 1923 fand einer dieser, von der Regierung auferlegten, Pressetermine im Grab statt. In der *Times* las es sich, wie von Carter empfunden, beinahe als Vorwurf, dass die Arbeiten dafür extra eingestellt werden mussten.

„No work was done to-day in the tomb of Tutankhamen, the morning being taken up with the showing around with the party of four journalists representing British and American newspapers. It has been arranged that there shall be a Press view every fortnight, and to-day's was the first. As I mentioned yesterday, it had been found impossible, unfortunately, to complete the demolition of the partition wall [...]. To-morrow there will be no work in the tomb, and the demolition of the wall will not be resumed until Wednesday."[103]

Allerdings schien der Autor nicht zu verstehen, weshalb die Leute hineinwollten. Die Grabkammer konnten sie nicht betreten, lediglich die Vorkammer, die bereits vollständig von Schätzen leer geräumt war, sei für sie zugänglich. Carters PR-Maschinerie arbeitete so gut, dass er nicht einmal selbst diese Verlautbarung treffen musste.

Die *Times* kommentierte auch weiterhin die offiziellen Pressetermine im Grab. Am 18. Dezember 1923 berichtete sie über einen weiteren. Dieses Mal konnten sich insgesamt sieben Pressevertreter (britische, amerikanische, belgische und ein ägyptischer) ansehen, wie der größte, der äußere Schrein aussah, bevor er abgebaut werden sollte. In der Grabkammer waren besondere Scheinwerfer aufgestellt, damit die Besucher einen unvergesslichen Anblick genießen konnten, bevor man das Dach des Schreins anheben wollte.

Ende Dezember passierte nicht mehr viel. Die Demontage der Schreine stellte sich als äußerst problematisch dar, und selbst die *Times* hatte nicht viel zu berichten. Man kam wieder auf die Besucher zurück, die sich über Weihnachten in Luxor aufhielten. Sie kamen natürlich wegen Tutenchamun aber auch wegen der Wärme, die hier im Winter herrschte und mancher sogar, um einige Dinge wie z. B. Teppiche zu kaufen.

Nur knapp zwei Monate später hatte die Presse aber dann die Sensation.

---

[103] *The Times*, vom 04. Dezember 1923

V. Viele Probleme

V 1. Exklusivvertrag, Besucher und Pressevertreter machen erneut Probleme

Wie oben bereits angesprochen, einigten sich die ägyptische Regierung und Carter, was die Besucher und die Pressetermine im Grab anging. An dieser Stelle muss noch einmal genauestens darauf eingegangen werden, denn diese Begebenheiten sind Grundlage späterer, entscheidender Ereignisse.

Am 8. Oktober 1923 fuhr Carter nach Kairo. Er wollte mit Pierre Lacau, Direktor des Antikendienstes, über die Situation am Grab reden. Am 11. Oktober traf Carter James Edward Quibell, den Sekretär des Antikendienstes. Das Gespräch, dass er mit Carter führte dreht sich nur zwei Punkte. Einmal die Konflikte mit den Zeitungen, durch den Vertrag mit der *Times*, und zum anderen die Probleme mit den Besuchern am und im Grab.

In den Notizen von Quibell konnte man lesen, was er seitens Carter im Umgang mit der Presse verlangte:

„(1) THE PRESS.- He has taken on his staff Mr. Merton, last year *The Times* correspondent, and proposes to give through him the same daily report to *The Times* and to the Egyptian Press. *The Times* news would cabled out in the evening, to be printed in the next day's paper. The same news would be given to the Egyptian Press early in the morning, in ample time to be printed in the papers of the day. Thus the news would reach the public in London and in Cairo practically at the same time. [...] The Cairo newspapers will get for nothing what all European and American papers will have to pay for."[104]

Carter war vorerst mit dem Vorschlag von Quibell einverstanden, der ägyptischen Presse, zu abgemachter Zeit dieselben Informationen zu geben, die die *Times* bekam, damit die Neuigkeiten gleichzeitig erscheinen konnten. Bis dieser Informationsaustausch reibungslos verlief, sollte noch viel aus dem Weg zu räumen sein.

Die Regierung behielt sich plötzlich vor, die Publikationsrechte am Grab allein für sich zu beanspruchen. Carter reiste erneut als Bittsteller nach Kairo zu Lacau und bat um Rücknahme dieses Rechts. Man einigte sich dann darauf, um allen journalistischen Auseinandersetzungen Einhalt zu gebieten, und den Fortgang der Ausgrabungen zu erleichtern, dass alle Veröffentlichungspflichten beim Ausgräber lagen.

Die Auflagen der Regierung, ähnlich strebsam wie Carter unbedingt die Kontrolle zu bekommen, waren aber nur ein Ärgernis mit dem der Ausgräber konfrontiert wurde. Die Presse machte derweil auch mobil.

---

104 Carter, „Tut-Ankh-Amen, The Politics of Discovery", S. 13

A. H. Bradstreet, der eifrige Reporter der *New York Times* und der *Morning Post* und absoluter Anhänger der Pressefreiheit, erkor Carter zu seinem persönlichen Erzfeind. Was Carter auch tat, der Reporter war zur Stelle und wertete seine Arbeit und die Funde ab. Er schrieb z. B., dass die Funde zwar ganz interessant seien, aber der Glanz des Goldes, der dem Grab ursprünglich anhaftete, durch die Zeit, die seit der Entdeckung des Grabes verstrichen sei, und durch die Erkenntnis, dass keine historische Dokumentation mit ausgegraben wurden verblassen würde. Bradstreet ging aber noch weiter, er bat um eine Audienz beim Minister. Er wollte durchsetzen, dass alle Journalisten einen Tagesbericht so rechtzeitig bekämen, dass dieser es noch zum Druck in die jeweilige Morgenzeitung schaffte. Der Reporter beschwerte sich regelrecht bei der Regierung, dass die Communiqués nicht später als neun Uhr abends, am gleichen Tag wie zur *Times* gesendet werden dürften. Er betonte immer wieder, das sei zu spät für die Abendzeitungen, die ihren Bericht erst am nächsten Tag bringen könnten.

Carter musste sich abermals der Regierung beugen, die den Kompromiss schloss, dass die Nachrichten nicht später als acht Uhr abends vom Pressebüro gesendet werden dürften und zwar vom Antikendienst selbst. Die Absicht war, dass es den Journalisten ermöglicht würde, die Nachrichten in den Morgenausgaben ihrer Zeitungen erscheinen zu lassen.

Bradstreet verschoss nicht nur seine Giftpfeile an Carter, er hatte auch andere Ambitionen. Bradstreet war Amerikaner und versuchte, die Ägyptologie in den USA populär zu machen. Er hatte bereits einen großen Rückhalt, denn die Universität von Chicago hatte das „Chicago House" auf dem Ostufer - eine Außenstelle des Oriental Institutes. John D. Rockefeller jr. brachte das Geld zum Bau auf. Bradstreet hoffte, dass die Rockefellers nach Luxor kämen und auch, wenn es dann soweit wäre, bei der Sarkophagöffnung dabei sein würden. Vielleicht hoffte er sogar, dass Rockefeller sich persönlich für Bradstreets Interessen, das *Times*-Monopol zu kippen, einsetzen würde. Seine Rechnung, trotz vieler tiefgründiger Briefe, ging aber leider nicht auf.

V 2. Tagesberichte für alle Zeitungen

Die Vereinbarung, Tagesberichte durch den Antikendienst zu senden, schloss man unter sich. Carter hielt der Regierung wiederum vor Augen, dass solche Berichte zwar nicht den Vertrag mit der *Times* brechen, aber die Vereinbarungen der *Times* mit der restlichen Weltpresse unterlaufen würden. Es gab wieder Auseinandersetzungen mit Carter und der Regierung. Schließlich kam man zu einer weiteren Übereinkunft. Die Regierung genehmigte die Sendung von zusammengefassten Tagesberichten und vertraute Carter alle Pflichten der Veröffentlichung an. In diesem Hinblick einigten sich Carter und die Regierung auch über die Besucherzahlen. Die Arbeiten sollten demnach für eine Woche unterbrochen werden und hier könnten dann eine gewisse Anzahl von Touristen das Grab besichtigen.

Der Minister war zwar erfreut, wollte aber dennoch die Kontrollfunktion der Regierung bewahren und ließ in einem Gespräch mit dem Untersekretär des Ministeriums für Öffentlichkeitsarbeit P. M. Tottenham verlauten, dass der Minister selbst die ägyptische Presse im Auge behalten wolle. Tottenham solle die übrige Presse beobachten.

Howard Carter schrieb, aufgrund der vielen Pressevertreter, die während der nun erlaubten Besuchszeit das Grab besichtigten, dass er mit den Gästen zwischen 10 und 11 Uhr vormittags einverstanden sei, aber ein Pressevertreter pro Tag sei mehr als ausreichend. Vom Ministerium kam keine Antwort auf sein Anliegen die Pressevertreter zu dezimieren. Daraufhin schrieb er ein ausführliches Memorandum, dass seine Situation erklären sollte.[105]

Tottenham war zufrieden mit den Ausführungen Carters und verfasste ebenfalls ein Memo an Quibell, dass das Verfassen des Tagesberichts ein Problem für Carter und die *Times* darstelle. So müssten dazu die Arbeiten unterbrochen werden, was ein stichhaltiges Argument sei und für Carters Einwände spricht. Daraufhin folgte eine endlose Diskussion innerhalb der Verantwortlichen der Regierung.

Carter war bereits acht, aus seiner Sicht, überflüssige Tage in Kairo. Er konnte nicht nach Luxor zurück, er musste die Entscheidung der Regierung abwarten.

Der Schiedsspruch fiel bald. Das Ministerium für Öffentlichkeitsarbeit schrieb an Carter, dass der Antikendienst immer am Grab anwesend sein würde, in Person des Chefinspektors von Luxor und drei ägyptischer Offizieller als Aufsicht. Zu dem Presseproblem wurde gesagt, dass das Pressebüro früh am Morgen die Nachrichten über den vergangenen Tag abschicken solle. Die Pressevertreter, nicht mehr als 15, sollen von der Regierung nummerierte Eintrittskarten erhalten, damit sie eine Nacht vorher das Grab bereits besichtigen könnten. In Bezug auf die Schreine war zu lesen, dass wenn sie demontiert wären, die Arbeiten für eine Woche oder mehr eingestellt werden sollen, damit Besucher Zutritt erhalten könnten. Es sei selbstverständlich, dass Carter dem Pressebüro die selben täglichen Mitteilungen wie der *Times* mache, damit auch ägyptische Blätter die Nachrichten wie gewünscht drucken könnten.

Howard Carter blieb nichts anderes übrig, als darauf einzugehen, denn es sicherte ihm das Weiterarbeiten. Ende des Jahres lief die Bergungslizenz aus, die nur durch diese Zugeständnisse verlängert werden konnte.

Trotz seiner Zustimmung zu der getroffenen Vereinbarung, sollten die Rechte der Konzession an Lady Almina, der Witwe von Lord Carnarvon, gehen, ohne dass hier eine Einschränkung vorgenommen werden sollte. Das war Carters Bedingung.

Der Direktor des Antikendienstes antwortete auf Carters Forderung, am 20. November 1923. Er machte in dem Brief klar, dass die Regierung auf keine Einschränkung im Hinblick auf ihre eigenen exklusiven Rechte eingehen könne.

---

105   Anhang S. 130

Außer aber, die Situation würde sich ändern und eine Sache von öffentlicher Bedeutung und von allgemeinem Interesse werden. Sie machten keine Zugeständnisse und gingen auch nicht auf Carters Zustimmung ein. So merkwürdig diese Antwort auch klang, dem Minister war lediglich die absolute Erfüllung seiner Forderungen wichtig. Er kümmerte sich weniger darum, wer die Konzession erhalten würde, denn mit Carter hätte er es weiterhin zu tun.

Tottenham war Carter mehr zugetan als der Minister und versuchte ihn milde zu stimmen.

Mit Verweis auf die Entscheidung, dass das Pressebüro einen regelmäßigen Tagesbericht, früh am Morgen über die Ereignisse des vergangenen Tages erhalten würde, bezeichnet als besten „modus operandi" zum Schutz von Carters Stab, äußerte sich Tottenham kurze Zeit später zu der Problematik der Übertragungsmethode des Tagesberichts. Er war der Meinung, dass es der beste Plan sei, wenn Carter dem Chefinspektor von Luxor eine Kopie des Berichts an die *Times* aushändigte und zwar nicht später als 7:30 Uhr des folgenden Morgens. Der Chefinspektor könne das an das Pressebüro in Kairo telegrafieren. Carter erkläre sich, so Tottenham, gegenüber dem Minister bereit, die Kosten des Telegrafierens zu übernehmen. Diese Übereinkunft habe den Vorteil, dass das Pressebüro in Kairo die Berichte früher bekäme, als es mit der Post möglich wäre.

Der Antikendienst bekam so mehr Kontrollmöglichkeiten und Befugnisse. Der Exklusivvertrag mit der *Times* sollte nicht mehr erneuert werden.

V 3. Regierungsschikanen, das Monopol der *Times* bröckelt

Ein neues Kapitel sollte aufgeschlagen werden, denn nun gab es nicht mehr die täglichen Berichte und Artikel über das Grab, die Funde, die Arbeiten und die Prominenz. Die Monopolstellung der *Times* sollte aufgehoben werden.

Man einigte sich endgültig auf einen wöchentlichen Termin, an dem die restliche Presse das Grab betreten durfte. Merton konnte im Grabungsteam bleiben. So gesehen wurde die *Times* immer noch als erste versorgt, das versuchte man aber mit den Tagesberichten und den Presseterminen auszubalancieren.

Carter wurde zum Ärgernis der Regierung, das beruhte auf Gegenseitigkeit. Der Minister war unentschlossen, Tottenham war noch auf Carters Seite und Lacau war völlig gegen ihn. Letzterer steigerte sich in seine Bürokratie so hinein, dass er Carters Beschwerden was die Presse, die Besucher und die Aufsicht am Grab anging, nicht mehr ertragen konnte. Er schöpfte seine bürokratischen Möglichkeiten voll aus, um Carter loszuwerden. Lacau hatte die Hoffnung, wenn er nur streng nach Vorschrift handeln würde und sein ganzes Verwaltungsrecht durchsetzen könnte, dann würde Carter durchdrehen und vielleicht sogar von allein das Handtuch werfen.

Lacau wusste Carter langsam gut einzuschätzen. Aber wie sollte er es anstellen, dass Carter aufgab? Die Spannungen zwischen den beiden nahmen zu. Lacau versuchte alles, seinen Gegner zur Weißglut zu bringen. Er veranlasste seinen Mitarbeiter Reginald Engelbach, Carter mitzuteilen, man benötige eine Liste all seiner Mitarbeiter. Carter war beinahe am Ende seiner Weisheit, es machte ihn krank, wie er es Breasted gestand. Des Weiteren empfand er die Listenaktion als ungeheuerlich und schickte diese Aufforderung, zusammen mit einem Schreiben an die *Times*. Er bemerkte darin, dass er auf einen höllischen Kampf vorbereitet sei, aber mit voller Rückendeckung seitens der *Times* rechne.

V 4. Die politische Situation im Land

Um diesen unsinnigen Streit mit der Regierung verstehen zu können, muss man sich noch einmal kurz die Verhältnisse in Ägypten vor Augen führen.

Ägypten befand sich in einem politischen Umbruch. 1922, genau in dem Jahr der Entdeckung, beendete gerade das British Empire sein Protektorat. Dennoch mischten sich die Briten immer wieder in die Angelegenheiten des Landes und es kam zu einer Art Anti-Stimmung gegenüber allem, was britisch war. Die Ausgräber wurden somit zur Zielscheibe von Nationalisten und das Grab zum politischen Sprengstoff. Die gegnerische, meist einheimische Presse nutzte jede Gelegenheit, den frevelhaften Vandalismus der ausländischen Archäologen anzugreifen.

Die Ereignisse fielen genau zusammen, denn als die *Times* am 30. November 1922 den ersten Bericht über die Entdeckung des Grabes auf Seite 13 und 14 veröffentlichte, fand der Leser auf Seite 12 die Meldung über den Sturz des Königs in Ägypten. Differenzen mit König Fuad als Ereignis von fortwährenden Intrigen, hieß es dort.

Alle Archäologen, die in Ägypten Grabungen vornahmen, konnten sich vorher dem Schutz durch die Regierung sicher sein, das änderte sich.

Der Minister, Abd el-Hamid Suleiman Pascha, war ein geselliger Mensch und ein Liebling der Ausländerkolonie in Kairo, vor allem der Engländer. Dieses Glück, das die Ausländer hatten, währte leider nicht lange, denn einige Monate nach der Machtergreifung der Nationalpartei, musste er sein Amt aufgeben. Sein Nachfolger vertrat genau die gegensätzliche Meinung. Das sollte der Situation im Tal der Könige sehr schlecht bekommen.

An die Stelle der ausländerfreundlichen Regierung trat 1923 die radikal-nationalistische Wafd-Partei. Premierminister Saad Zaghlul Paschas Ziel war es, das Land in eine Unabhängigkeit zu führen. Er vertrat die Ansicht, dass keine Antiquitäten mehr das Land verlassen sollten.

Morcos Bey Hanna übernahm das Amt des Ministers für Öffentlichkeitsarbeit von Abd el-Suleiman Pascha. Von Archäologie verstand er nichts, Tutenchamun und die Vorgänge im Tal waren ihm egal. Sein Misstrauen gegenüber Ausländern, vor allem den verhassten Engländern und besonders gegenüber Howard Carter, machte ihn jedoch geneigt für alle Intrigen, mit denen dieser aus dem Grab, wenn nicht überhaupt aus Ägypten vertrieben werden sollte.

Diese Regierung wollte mit allen Mitteln jede Kontrolle im Land, egal um was es sich handelte, erhalten. Carter und das Grab gehörten dazu. Hier trafen Giganten aufeinander. Ein starrköpfiger Ausgräber, der durch sein Wesen nicht bemerkte, wenn man ihm absichtlich Fallen stellte und eine alles an sich reißen wollende Regierung, die für jede Intrige zu haben war.

Vorausschickend muss noch bemerkt werden, dass in Ägypten bis 1930 unglaublich viele Regierungswechsel stattfanden. 1930 kamen dann wieder die Nationalisten an die Macht, die ein neues Gesetz verabschiedeten, das die Ausfuhr von Objekten jeglicher Art, auch von Dubletten aus dem Grab von Tutenchamun, verbot. Dieses Gesetz sollte Carter und den Erben Carnarvons auch noch zu schaffen machen.

V 5. Eine neue Grabungssaison

In der Grabungssaison 1923/24 sollte die Grabkammer ausgeräumt werden. Das hieß, die Schreine zu bergen (dabei war man ja schon) und auf die Bedingungen einzugehen, die Carter von der Regierung gestellt worden waren. Wenn die Grabkammer begehbar wäre, sollten die Arbeiten unterbrochen werden und Besucher sowie Journalisten hätten die Möglichkeit, das Grab zu besichtigen, so wie vom Minister gewünscht.

Die Presse wurde, wie vereinbart, vom Pressebüro in Kairo mit täglichen Informationen versorgt. Weiterhin, zur Erleichterung der Pressearbeit, wurde es den, wie schon gesagt, akkreditierten und von der Regierung mit Tickets versorgten, nicht mehr als fünfzehn repräsentativen Journalisten gestattet, das Grab eine Nacht vorher zu besichtigen.

Mindestens ein Vertreter der Regierung sollte als Aufsichtsperson bei dem Grab bleiben, um die Forschungsarbeiten zu beobachten, darüber hinaus sollten von der Regierung genehmigte, datierte und nummerierte Eintrittskarten verteilt werden, für eine bestimmte Anzahl ausgewählter Besucher.

V 6. Die Rechtfertigung des *Times*-Vertrages

Lacau insistierte auch weiterhin. Plötzlich war er keinesfalls mehr mit der Absprache über die Nachrichtenverteilung einverstanden. Er verstand nicht, wieso die Regierung ihr Recht auf Informationsverteilung an Carter abtreten solle, der sich sogar weigere, kurze Tagesberichte zu verfassen, mit der Begründung des Vertrages mit der *Times*.

Carter reagierte darauf mit einer Anschuldigung. Sein Standpunkt war der, dass der Vertrag mit der *Times* geschlossen wurde, um die Ausgräber vor der Zudringlichkeit der Presse zu schützen. Auf diese Weise brauchten sie sich nicht mit unzähligen Pressevertretern auseinander zusetzen, sondern nur mit einer einzigen weltweiten Organisation. Der Vertrag wurde nur geschlossen, um sicherzustellen, dass die Arbeiten möglichst reibungslos und ohne Unterbrechung erfolgen konnten.

Eine sich immer wiederholende Rechtfertigung, wenn es um den Vertrag und um die Tagesberichte ging. Carter lehnte diese Bulletins ab, da sie ihm allmählich den letzten Nerv kosteten.

Es fehlte natürlich nicht, dass er wieder auf den Vertragserlös einging. Der ausschließlich für die Forschungsarbeiten im Grab bestimmt wäre und auf diese Weise uneingeschränkt der Wissenschaft, Ägypten und der ägyptischen Regierung nutzen würde.

V 7. Forderungen der Regierung

Im Grab mussten für die Besucher und die Presse große Veränderungen vorgenommen werden. Allein die Beleuchtung musste so verändert werden, dass die Besucher etwas sahen und die Journalisten brauchbare Fotos machen konnten. Als Harry Burton die Funde, als Mitarbeiter in Carters Team, erstmalig ablichtete, mussten die Arbeiten auch unterbrochen werden, das war zu wissenschaftlichen und dokumentarischen Zwecken, die Pressefotografen waren danach nicht wirklich willkommen.

Nun mussten die Ausgräber ihre Arbeit zurückstellen, um das Grab für die Besucher zu präparieren und nachdem diese weg waren, wieder alles so verändern, dass sie ungestört, und ohne selbst etwas kaputtz machen, arbeiten konnten.

Genauer betrachtet war es so, dass jede Gruppe von Besuchern, die die Arbeiten unterbrach, die Ausgräber zwang, einen Tag mehr in der stickigen Hitze des Grabes zu arbeiten. Durch die Unterbrechungen zog sich die gesamte Bergung mehr in die Länge, als es hätte sein müssen. Das war Wasser auf die Mühle von Carter. Er, am Ende seiner Kräfte durch diese Unterbrechungen und die Besucher, zu denen er langsam abgrundtiefen Hass empfand, ergriff wieder die Feder und setzte sich mit der Regierung auseinander. Aber nicht nur das füllte das Fass seines Zorns.

Das Ministerium forderte eine Liste mit den Namen all seiner Mitarbeiter. Das war eine sehr ungewöhnliche Prozedur bei einer Ausgrabung in Ägypten. Aufgrund eines Briefes von Carter an Quibell antwortete Lacau persönlich, dass der Minister solch eine Liste wünsche, damit die Regierung einen Überblick über die Materialien und eine Art wissenschaftliche Kontrolle während der Ausgrabung übernehmen könne.

Lacau richtete sich daraufhin auch an den Minister und schrieb in einem Brief an ihn, dass niemand das Grab betreten dürfe, ohne eine schriftliche Autorisation von der Regierung. Das sei sehr wichtig für die reibungslose Arbeit am Grab. Im Interesse der Regierung sollten natürlich nur qualifizierte Arbeiter an der Ausgrabung teilnehmen.

Carter hatte den einzigen und überaus qualifizierten Stab den es gab, deswegen hätte sich der Minister keine Sorgen machen brauchen, das tat er auch nicht. Er wollte Kontrolle über Carter und intrigierte.

Lacau unterstrich seine Meinung, dass das Grab nur für wissenschaftliche Zwecke besichtigt werden dürfe und dass einfache Neugier nicht hilfreich für die Ausgräber sei. Ein Vertreter der Regierung, Reginald Engelbach, bekam Formulare, auf denen nur der Name des autorisierten Besuchers einzutragen war. So erspare man sich den weiten Weg bis nach Kairo, meinte Lacau. Engelbach sollte entscheiden, wer wissenschaftliches Interesse hatte. Der Minister solle ihm sein Gesuch schicken, welchen Personen er den Zutritt gewähren würde, und er solle entscheiden und ausführen. Diese Formblätter waren lang und enthielten viele Artikel in denen zum Beispiel stand, welche Rechte der Besucher, oder welche Rechte die Regierung hatte.

Diese Entscheidung war als eine Suche neuer Autorisation seitens der Regierung zu sehen. Das zeigen die folgenden Punkte, die dem Ausgräber auferlegt wurden:

Der Halter der Konzession habe die Pflicht, eine Liste mit Namen seiner Mitarbeiter aufzustellen, und sie der Regierung zu übermitteln. Die Regierung behielt sich vor, einige Namen nach eigenem Ermessen zu streichen. Des Weiteren habe der Konzessionshalter niemandem zu erlauben, das Grab zu betreten, sei es ein Archäologe oder was auch immer für ein Experte, ohne zuerst den Namen an die Regierung übermittelt und eine Zustimmung abgewartet zu haben. Außerdem behielt sich die Regierung vor, die Resultate der Ausgrabung von sich aus zu veröffentlichen.

Zu bedenken war dabei, dass Lady Almina, die Witwe Carnarvons, die Konzession nach den alten Bedingungen übertragen bekommen hatte. Carter war der Meinung, dass man diese Änderungen nicht akzeptieren könne und gegen sie protestieren müsse.

Die Lage war gespannt und es schien unheilvolle Wendungen zu geben. Am 12. Dezember 1923 besuchte Lacau das Tal der Könige, um mit Carter die verzwickte Lage zu besprechen. Leider war Carter an diesem Tag unpässlich, so trafen sie sich nicht. Stattdessen traf Lacau rein zufällig Arthur Merton. Er ließ ihn unverblümt wissen, dass er, Merton, die Hauptursache aller Probleme sei. Wenn er sich nicht bereit erkläre, das Grabungsteam zu verlassen, kämen noch größere Schwierigkeiten auf Carter und seine Mitarbeiter zu.

Der Minister war ebenfalls der Ansicht, dass man Merton aus dem Team herausbekommen müsse, daher ließ er seinen Namen von Carters Liste einfach streichen.

Carter schrieb daraufhin eine Depesche an die *Times*, in der er mitteilte, die Regierung mache erneut Schwierigkeiten. Die Probleme wurden vermutlich hervorgerufen durch Kritik in der lokalen Presse, die den Minister für öffentliche Arbeiten persönlich angriff und offenbar durch die britische Opposition angeheizt wurde. Carter schrieb weiter, dass er vom Metropolitan Museum in New York in finanzieller und sonstiger Hinsicht vorbehaltlose Rückendeckung bekäme und, wie er erfahren habe, auch vom amerikanischen Außenministerium. Er bat die *Times* ebenfalls um Hilfe. Die Geschäftsleitung der *Times* war über die sich zuspitzenden Kontroversen im Tal keinesfalls erbaut. Der Exklusivvertrag, der noch als genialer Schachzug gefeiert wurde, wurde mehr und mehr zur Last.

Am 17. Dezember 1923 fuhr Carter, begleitet von Arthur Merton nach Kairo, um seine Situation gegenüber dem Minister klar zu machen. Der Minister stellte dar, dass das Problem mit den Besuchern und mit Merton die Grundlage der

Kritik an Carter war. Er habe die Absicht, auf der aufgestellten Liste die er verlangt hatte, Merton zu streichen. Carter versuchte dem Minister klar zu machen, dass Merton eher ein Mitglied seines Stabes sei, als ein Timesreporter. In allen Pressemitteilungen stand Carters Name, nicht der seines Mitarbeiters, denn ihm war es nicht erlaubt, irgendwelche Telegramme zu schicken. Der Minister bestand aber dennoch darauf, dass man Merton den Zutritt zum Grab verweigern solle, und ihm nur einmal die Woche, wenn die anderen Presseleute auch hinein dürften, den Zutritt zu ermöglichen. Carter bat sich Zeit aus, um mit seinen Mitarbeitern darüber zu sprechen. Natürlich dauerte es nicht lange und Carter sprach dem Minister sein Bedauern aus, dass er diese Bedingungen nicht akzeptieren könne und nach den alten, in der Konzession vorhandenen Punkten arbeite. Eine ausführliche Antwort kam schriftlich:

> „I regret that I cannot see my way to conform to the restrictions you seek to impose upon me. [...] I must insist on being allowed to conduct the work in the Tomb in accordance with the legal rights with which I am invested under the terms on the original concession. Further, I must point out that the proposal contained in the correspondence received this month from your Service, to publish Tut-ankh-amen material in the Cairo Museum Guide Book, is a direct infringement of our rights under the concession, and I must warn you that if, as you threaten, you ignore my protest I shall reluctantly be compelled to taken action in defence of the interests of the executors of the late Lord Carnarvon."[106]

Daraufhin riet Tottenham Carter bei einem Telefonat, dass er sich noch einmal an die Regierung wenden möge, sonst könne es passieren, dass diese einfach das Grab schließen ließe. Carter, dickköpfig auf seinem Standpunkt beharrend, tat das nicht.

V 8. Ein Journalist insistiert

Anfang des Jahres 1924 versuchte Bradstreet, immer noch darauf bedacht seinem Feind zu schaden, mit allen Mitteln Carter den Boden unter den Füßen wegzuziehen. Er schickte ein Telegramm an den Minister in dem stand, dass Carter einem *Times*-Mitarbeiter einem Herrn Moyne den Zutritt zum Grab ermöglicht habe. Die Konsequenz, die er daraus zog sei, dass die Regierung drastische Maßnahmen gegen Carter einleiten müsse. Bradstreet machte sich lächerlich, denn es klang wie das Telegramm eines verschmähten und sich übergangen gefühlten Journalisten. Er stand mit seiner Meinung aber nicht alleine da, anderen Presseleuten, die nicht bei der *Times* arbeiteten, ging es sicher ähnlich. Es war allerdings nicht wahr, dass dieser Pressevertreter der *Times* im Grab war.

---

106   Carter, „Tut-Ankh-Amen, The Politics of Discovery", S. 61/ 62

Am 05. Januar 1924 besuchte Tottenham das Tal. Zu dieser Zeit war man gerade dabei, die Schreine zu öffnen, was sich als sehr aufwändig herausstellte, mehr als angenommen. In dieser angespannten Lage kam der Staatssekretär und brachte auch noch schlechte Nachrichten. Er wollte Carter über das Telegramm, die Anschuldigung von Bradstreet informieren, aber das war nicht alles, was Carter vorgeworfen wurde.

Die Schreine waren bereits geöffnet und der Sarkophag konnte untersucht werden, aber ohne dass ein ägyptischer Inspektor anwesend gewesen war. Carter hatte also gegen seine Auflagen verstoßen.

V 9. Die Regierung will alle publizistischen Rechte

Tottenham behandelte vorerst nur die Beschwerde von Bradstreet. Carter stellte sich gegen diese Beschuldigung und dementierte. Tottenham glaubte ihm in der Sache mit dem Journalisten und schickte ein Telegramm an den Minister, von seinen drastischen Maßnahmen abzusehen, trotzdem bekam Carter am 10. Januar 1924 ein Schreiben von ihm. Hier ging es um die Kontrolle über die Besucher, die Liste der Mitarbeiter und die Überstellung der Funde in das Museum von Kairo.

Der Brief widmet sich auch dem Thema der Konzession, dass der Inhaber selber entscheiden dürfe, wer in das Grab käme. Das Ministerium erklärte sich bereit, dass das Carter selber bestimmen könne. Die Besucher seien in einer limitierten Anzahl und ohne Absprache mit dem Ministerium zugelassen. Die Bedingung, die zu erfüllen wäre, belief sich lediglich auf einer wöchentlichen Liste derer, die das Grab besuchten. Wenn keine Liste erstellt würde, oder die Besucherzahlen zu hoch seien, würden alle Besuche verboten. Sollten die Arbeiten im nächsten Jahr fortgesetzt werden, dann müsse man eine neue Grabungskonzession entwerfen, die Carter im Namen aller unterschreiben solle und in der die Rechte der Ausgräber und die der Regierung genauestens formuliert werden sollten. So gesehen waren das keine schwer wiegenden Maßnahmen und lagen noch in weiter Ferne.

Die Regierung wollte jegliche publizistischen Rechte für sich beanspruchen. Carter reagierte darauf, indem er in seinem Brief vom 03. Februar 1924 Gesetzestexte anführte, die untermauern sollten, dass der Finder bzw. der Konzessionshalter alle Rechte an der Entdeckung, an den Funden und an den publizistischen Erzeugnissen habe. Weiterhin schrieb er, dass das Grab nicht unbeschädigt gewesen war, als sie es fanden.[107]

Carter beschwerte sich auch, dass die Regierung seiner Ansicht nach und nach den angeführten Texten, kein exklusives Recht an den Funden und deren Publikation habe, auch nicht in einem Museumsführer für die geplante Ausstellung. Er fasste all seinen Unmut zusammen und legte seine Sicht dar. Seine Probleme waren die der Zulassung der Besucher im Grab und der Pressevertreter, die Un-

---

107 Zur Erinnerung: bei einem solchen Fall ging die Hälfte der Funde an den Konzessionshalter.

terbrechungen der Arbeiten und auch die Reisen nach Kairo, zur Aussprache mit der Regierung. Er stellte klar, dass die Rechte der Witwe Carnarvon nicht respektiert wurden. Seiner Meinung nach sei der Fund von großartigem Nutzen für Ägypten und solle es noch mehr für den Antikendienst sein.

V 10. Neue Fundteilungsdiskussionen

Die Regierung stellte Carter, was die Diskussion um die Fundteilung anging, ein Bein. 1918 hatte er eine zeitlich begrenzte Konzession beantragt, um weit abgelegene Winkel im Norden des Tales zu untersuchen. Diese Konzession wurde ihm durch Lacau gewährt. In einem Absatz war genau beschrieben, was man unter einem beraubten Königsgrab verstand. Das stand im Widerspruch zu anderen Ausgrabungsgenehmigungen. Es wurde gesagt, dass es sich, wenn es kein unversehrtes Grab war, nicht unbedingt um ein berührtes Grab handeln müsse. Jedes Grab, dessen Einrichtung noch gut erhalten sei, obwohl auch Diebe eingedrungen sein könnten, sei als unversehrt zu betrachten.

Carter hatte damals diesen Vertrag unterschrieben, an der besagten Stelle im Nordteil gegraben und nichts gefunden. Die Regierung berief sich nun auf diese Festlegung. Carter war vollständig sprachlos, denn wenn die Regierung auf dieser Definition beruhte, würden er und Carnarvons Erben leer ausgehen.

Im Rahmen dieser Auseinandersetzung bemerkte der Minister noch, dass der Exklusivvertrag mit der *Times* bei der Presse „böses Blut" gemacht habe. Carter erkannte in dem Minister einen launischen Menschen und gestand, dass der Vertrag tatsächlich viele Probleme ausgelöst habe und ließ sich zu der Ankündigung hinreißen, der Vertrag würde am Ende der Saison auslaufen. Der Minister zeigte sich zufrieden.

V 11. Zeitungsreaktionen auf die Regierungsprobleme und die Schreindemontage

Endlich konnte auch der letzte Schrein demontiert werden. Die Arbeiten mussten mehrmals unterbrochen werden, damit Burton Fotos machen konnte. Um die Funde zwischen den Schreinen und die Schreine selbst zu bergen, mussten die Arbeiten wieder unterbrochen werden. In dieser Zeit schrieb die ägyptische Zeitung *Exchange Telegraph* einen Bericht, in dem es hieß, dass nach der wunderbaren Entdeckung der Schreine in den Schreinen, eine plötzliche Stockung eingetreten sei. Grund dafür sei, dass Carter auf die Erfüllung seiner kühnsten Hoffnungen eine sonderbare Reaktion gezeigt habe. Er spazierte gestern in der glühenden Sonnenhitze durchs Tal der Könige, bekleidet mit einem dicken Überzieher, das Gesicht von den schweren Anstrengungen der letzten Tage gezeichnet. Der Korrespondent schrieb, Carter stünde unter der unerträglichen Belastung, dass sich seine Beziehungen zur ägyptischen Regierung von Tag zu Tag verschlechterten.[108]

Wider diese Berichterstattung gab Carter tags darauf ein Interview in der *Times*. Er schien wieder völlig „normal" zu sein. Der Ausgräber schilderte die Entdeckung der Schreine, die Arbeiten an ihnen und beschrieb schon, wie sich ihm der Sarkophag präsentierte.

Die Arbeiten näherten sich jetzt einem kritischen Punkt. Die Schreine zu demontieren, bedeutete hohen Aufwand. Carter war am Rand völliger Erschöpfung, als Lacau seine Aktion fortsetzte, Carter durch Störmanöver zur Aufgabe zu zwingen. Er berichtete in der *Associated Press* über Unstimmigkeiten mit der Regierung und den Ausgräbern. Lacau teilte mit, dass er die Arbeiten Anfang Januar 1924 unterbrechen lassen würde und den Besuchern die Besichtigung des Grabes gestatten wolle. Das Grab wurde hier als Nationalbesitz beschrieben. Carter traf der Schlag. Er strebte eine Klage gegen die Regierung an, da besonders diese Aussage im Widerspruch zur Grabungskonzession stand.

V 12. Die Sarkophageröffnung

Durch die Unterbrechungen wegen der Auseinandersetzungen mit Regierung und Presse, kamen die Demontagearbeiten nur schleppend voran. Langsam erreichte man den Sarkophag, den die Archäologen als nächstes untersuchen wollten. Mit der Absicht, den Deckel zu öffnen und nachzusehen, ob wirklich der tote König drin lag, so wie angenommen.

Carters Bestreben bestand darin, zur Mumie vorzudringen. Er sagte zu einem Journalisten, der ihn fragte, was denn nun passieren würde, ob die Mumie aus dem Grab geschafft werden sollte, dass, wenn sie den Körper fortschaffen würden, um nichts besser wären, als die Grabräuber früherer Zeit. Mit dieser Antwort gab er all den Zeitungen contra, die das Thema des modernen Grabraubes skandierten. Ein englisches Boulevardblatt hatte zum Beispiel sinngemäß empört gefragt: Sollten wir denn glauben, dass Wissenschaft und Archäologie nichts anderes seien als eine hinterlistige und beschönigende Umschreibung für Gier, Habsucht und den Wunsch, einen Schatz zu finden und sich seiner zu bemächtigen.[109]

Diese Aussagen setzten allem die Krone auf. Carter und die anderen Ausgräber sahen sich diesen Vorwürfen ständig ausgesetzt.

Die *Times* berichtete in gewohnter Weise über die Demontage der Schreine und die Ausräumung des Grabes. Am 04. Januar 1924, ein Tag bevor Tottenham das Tal besuchte, wurde der dritte Schrein, ohne die Anwesenheit eines Regierungsvertreters geöffnet, was aber Carters Mitarbeiter nicht zu stören schien, ganz im Gegenteil.

Arthur Merton schrieb im Januar darüber:

---

108   Vgl. Hoving, S.219
109   Vgl. Hoving, S. 190

„Vorsichtig wurde das Seil zertrennt, die Riegel zurückgeschoben, die Türen geöffnet, und ein dritter Schrein kam zum Vorschein, der über und über mit Gold bedeckt war wie die beiden vorigen, mit Riegeln aus Ebenholz, wie die beiden anderen Schreine, und auch das Seil war unversehrt, so wie es vor Jahrtausenden gebunden worden war. [...] Wiederum wurde das Seil zerschnitten, die Riegel gelöst und die Türen dieses dritten Schreines geöffnet, es kam noch ein vierter zum Vorschein, der auch aus Gold, aber noch strahlender und glänzender als der vorige war. [...] Der alles entscheidende Augenblick war gekommen, und wir alle warteten in gespannter Nervosität. Die Riegel wurden gelöst, die letzte Tür langsam geöffnet, und da stand ein Sarkophag aus gelbem Quarzit vor uns, der den ganzen vierten Schrein ausfüllte und dessen Deckel aus Rosenquarz noch fester in seiner ursprünglichen Position lag."[110]

Die gegnerische Presse kommunizierte derweil mit dem Minister. Sie forderte Privilegien und machte ihrem Kummer Luft. Daraufhin wandte sich Reginald Engelbach im Auftrag Tottenhams an Carter.

Tottenham hatte vorgeschlagen, dass er, Engelbach, ein Treffen mit Carter und den Pressevertretern vereinbaren solle. In wenigen Tagen sollten sie die Möglichkeit haben, auch einen Blick auf den Granitsarkophag zu werfen. Das Treffen sei optional am 14. Januar 1924 angesetzt, wenn dieser Termin nicht machbar sei, wäre ein anderer zu vereinbaren.

Die Regierung kam Carter in dieser Hinsicht also entgegen. Er war aber der Ansicht, dass es bei diesem Stand der Ausgrabungen noch nicht möglich sei, der Öffentlichkeit einen Einblick zu gewähren.

Die einheimische Presse wurde nun auch langsam unruhig. Bis jetzt hatten sie noch keine umfassende Möglichkeit, genaueres über den Sarkophag und die Dinge zu berichten, die sich bei der Ausgrabung in ihrem Land abspielten. Sie verstanden Carters Einwände nicht und hielten der Regierung vor, dass sie von dem Ausgräber ständig kritisiert wurde.

Das Ministerium für Antikes war langsam so weit, gegen den Archäologen Pläne zu schmieden, ihm die Arbeit am Grab ganz zu verbieten. Lacau sprach bereits in Kairo mit anderen Archäologen. Die Restriktionen gegen Carter müssten verschärft werden, und wenn er sie nicht akzeptiere, solle er keine Möglichkeit mehr haben, am Grab zu arbeiten. Auch Engelbach wurde informiert, dass man die Intention habe, das Grab zu schließen. Zeitungsreporter diskutierten ebenfalls diese Möglichkeit einer Schließung.

Lacau, immer noch zu allem bereit um Carter loszuwerden, brachte außerdem noch die Kernaussagen der Briefkorrespondenz zwischen ihm und dem Minister in die Kairoer Zeitungen. Hier las man ebenfalls, dass der Minister bereits davon sprach, das Grab schließen zu lassen.

---

110   Brackmann, S. 160

Carter schien den Ernst der Lage dieses Mal richtig gedeutet zu haben, denn er besann sich, versöhnlicher zu sein.

Die Regierung kannte genug von Carter, aber das Grab faszinierte sie immer noch. Die Regierungsvertreter wollten unbedingt beim Öffnen des Sarkophages dabei sein. Sie beliebten eine Woche vorher von Carter informiert werden, wann es denn losgehen würde.

Der eigensinnige Archäologe zeigte sich verständnisvoll. Anfang Februar 1924 reagierte er recht freundlich auf die Schreiben der Regierung, in denen es um die Besuche der Presse und der Regierung bei der Öffnung des Sarkophages ging. Carter schlug vor, dass die Presse am 07. Februar 1924 den Sarkophag sehen könne und am 12. Februar die Regierungsvertreter der Öffnung beiwohnen sollten. So löste er gleich mehrere Probleme. Einmal gab er dem Willen der Presse nach, einen Blick auf den Granitsarkophag zu werfen und erstaunte die Regierung, dass er auf ihr Gesuchen hin so wohlwollend antwortete. Er führte sogar nachvollziehbare Gründe für seine Terminvorschläge an.

Der Grund, dass die Presse am 07. Februar und nicht am 11., dem regulären Pressetag, kommen solle, war der, dass Carter freie Hand brauchte, um am 11. alles für den Besuch der Regierung vorzubreiten.

Die Regierung war damit einverstanden und so kam der Minister zu Carter, nicht nur weil er sich den Sarg ansehen wollte, er hatte die Absicht, mit ihm über dieses ungünstige Abkommen mit der *Times* zu reden. Der Minister versuchte ihm vor Augen zu führen, dass er einen großen Fehler mit dem Vertrag gemacht habe und dies der Grund der Verstimmung seitens der übrigen Presse sei. Carter gab zu, dass es wohl so wäre und versicherte, dass der Vertrag nach April 1924 nicht mehr verlängert werden solle.

Der reguläre Pressetag am 11. Februar fiel, wie schon angesprochen, aus. Die Pressevertreter würden nicht mehr sehen, als einige Tage zuvor. Ein Plan wurde erstellt, welche Abläufe folgten. Am 13. Februar 1924 sollte der Presse noch einmal die Möglichkeit gegeben werden, das Grab von 10 Uhr morgens bis mittags zu besuchen. An den folgenden Tagen musste die Zeit von Carter und seinem Team genutzt werden, um Aufzeichnungen zu machen und Funde zu präparieren für künftige autorisierte Besucher. Dieser Plan wurde auch an die Presse gegeben.

Am 13. brachte die *Times* daraufhin eine Verlautbarung. Sie beschäftigte sich mit den Besuchern am Grab, die zur Eröffnung des Sarkophages kämen.

Es wurde ein Communiqué der ägyptischen Regierung, mit Absprache des Ministers für Öffentlichkeitsarbeit, abgedruckt. Drei Punkte waren zu lesen:

Erstens, dass am 12. Februar 1924 um drei Uhr nachmittags der Sarkophag geöffnet werde und wer die anwesenden Personen dabei wären.

Zweitens, dass der Presse Einblick gewährt würde, und zwar am 13. Februar 1924 zwischen 10 und 12 Uhr.

Drittens, dass die folgenden vier Tage für Carter und seine Mitarbeiter reserviert seien, die dann ihre Arbeit verrichten könnten.

Der vierte und fünfte Punkt beschäftigte sich mit den Besuchern, die erst einmal nicht hineingelassen werden könnten, abgesehen von anderen Archäologen oder Wissenschaftlern.

Danach war in der *Times* eine Geschichte zu lesen, wie Carnarvon und Carter, nach langer 16-jähriger Suche, das Grab gefunden hatten. Neue Details wurden geschildert und bereits bekannte wieder erwähnt. Das war eine Unterstützung für die Genialität der beiden Ausgräber. Immer noch war die *Times* die PR-Agentur für beide.

Bei der Eröffnung des Sarkophages waren geladene Gäste und natürlich die Teammitglieder, einschließlich Merton dabei, der aber auf keiner Liste geführt wurde.

Der Sargdeckel wurde wie geplant angehoben. Da dieser bereits im Altertum in zwei Stücke zerbrochen war, musste man beide Teile getrennt anheben.

Um fünfzehn Uhr betraten die geladenen Gäste das Grab, die Scheinwerfer wurden angestellt, die Temperatur stieg schnell auf fünfzig Grad Celsius und Burtons Kamera hielt alles im Bild fest.

Mittels Flaschenzügen, die Seile und Ketten hielten, wurden die beiden Deckelteile angehoben. Als sie einen halben Meter über dem Sarg hingen befahl Carter: Halt!

Merton schrieb sichtlich ergriffen in der *Times* einen Artikel, der am 13. Februar erschien: „Luxor Secret Revealed." Ein kleiner, schräg gedruckter Teil darunter gab einen kurzen, einführenden Abriss über die Ereignisse. Unter „A Memorable Ceremony" las man, dass der Deckel des Granitsarkophages von Mr. Howard Carter für einen Blick in das Innere angehoben wurde. Der Sarg darunter hatte eine anthropoide Form, der Kopf aus Gold, die Augen aus Kristallen oder Glas und die Arme gekreuzt über der Brust, hielten die Königsinsignien Krummstab und Wedel. Außerdem umhüllten zwei gut erhaltenen Tücher den Sarg zum Schutz.

Natürlich erwähnte Merton in dem Artikel auch, wer bei der Zeremonie zugegen gewesen war: Vertreter der Ägyptischen Regierung und führende Archäologen.

Der Autor fasste dann all die vorangegangenen Ereignisse zusammen. Zum Beispiel, dass sich niemand vorstellen konnte, was man finden würde, als die Ausgräber im November 1922 den Beginn einer verschütteten Treppe gefunden hatten.

Den ganzen Vormittag, so Merton weiter, bereitete Carter die Eröffnungszeremonie vor, um am Nachmittag gegen drei Uhr all die danach aufgezählten Personen zu begrüßen. Merton ließ niemanden aus, vom Untersekretär des Amtes für Öffentlichkeitsarbeit, über Gardiner, Breasted, bis hin zur Erwähnung des Inspektors der Altertümerverwaltung.

Eine für Merton typische Beschreibung des Grabes und seiner Funde, die für ihn fast spirituelle Bedeutung zu haben schienen, folgte.

Wenn man ein wenig zwischen den Zeilen las, erkannte man, wie beeindruckt er von all dem war. So brachte er es auch seinem Leser nahe. Von den Funden der Vorkammer, über die vermauerte Wand zur Grabkammer, die Öffnung und den Anblick des Sarkophages und des Sarges, schrieb der Autor.

"The centre of the hall was taken up by the enormous crystalline sandstone sarcophagus, which looked even more imposing and beautiful than before, and ever and during the operations that followed we found our eyes wandering away from what was taking place above to the fascinating goddess figure at the corners of the casket below, where the idea of protection from intrusion conveyed by there [...] embrace had in the circumstances something peculiarly pathetic in its appeal." [111]

Solche Beschreibungen fand man in diesem Artikel oft. Wie der schwere Deckel angehoben wurde, wird natürlich auch umfassend beschrieben. Die Seile die Carter gespannt hatte, die Geräusche die sie machten, als der Deckel angehoben wurde und ähnliche Dinge. Merton schien die Zeit im Grab zu vergessen und schrieb auch immer wieder, dass was da oben, also außerhalb des Grabes passierte, nicht mehr da wäre.

Natürlich beschrieb er auch in allen Einzelheiten den äußeren Sarg, das goldene Antlitz, den Glanz und das Gold, das seine Faszination, trotz der vielen tausend Jahre in dem Grab, nicht verloren hätte.

Am Ende seines Artikels, der den Leser versuchte in das Grab zu entführen und es dank der eigenen Faszination des Autors auch schaffte, griff Merton noch einmal zurück und brachte das Leben, die Umstände des Todes, die Einbalsamierung und die Grablegung des Königs an.

Er und die anderen fühlten sich in dem Moment der Öffnung in die Zeit vor zweiunddreißig Jahrhunderten zurückversetzt, als menschliche Augen das letzte Mal das gesehen hatten, was sie nun sahen. Im Anschluss daran folgte eine Aufstellung aller wichtigen Ereignisse um das Grab und die Ausgräber, von der Entdeckung im November 1922 bis zum 13. Februar 1924.

Alle Anwesenden waren fasziniert, aber niemand ahnte die Dinge, die kommen sollten. Mit einem Telegramm nahmen die größten Probleme ihren Anfang.

V 13. Ein verhängnisvolles Telegramm

Der Premierminister Saad Zaghlul Pascha schickte ein Telegramm an den Minister für Öffentlichkeitsarbeit Morcos Bey Hanna. Dieser teilte Carter in einem Schreiben, was ihn noch am selben Tag erreichte, den Inhalt mit.

Die innerhalb des Ministeriums getroffene Absprache, wer das Grab betreten dürfe und wer nicht, gestatte leider nicht, dass die Ehefrauen der Mitarbeiter am 13. Februar 1924 das Grab besichtigen könnten, schrieb er. Carter hatte vorher angefragt, ob an dem Tag, als das Grab für die Presse geöffnet werden sollte, auch die Frauen Zutritt erhalten könnten. Die Antwort war niederschmetternd.

---

111 *The Times*, vom 13. Februar 1924

Wäre Carter etwas weniger impulsiv gewesen, hätte er über diesen Brief nachgedacht und ihn vielleicht als Provokation und hinterhältige Falle verstanden. Lacau hatte diese Reaktion vorausgesehen, allerdings nicht ihre Folgen.

Die Ablehnung traf Carter wie ein Donnerschlag, und er reagierte sofort darauf. Zunächst zeigte er den Brief wutentbrannt seinen Kollegen. Sie waren ebenfalls empört, niemand ahnte eine Intrige oder schlug vor, sich ruhig zu verhalten und abzuwarten.

Die Polizeiüberwachung, die Schikanen der Regierung und nun auch noch der Ausschluss der Frauen der Mitarbeiter brachten das Fass zum Überlaufen.

Wie vom Blitz getroffen und geschockt von diesen schlechten Nachrichten am 12. Februar 1923, legte Carter die Werkzeuge nieder, ließ den schweren Sargdeckel hängen und streikte. Das war der erste Streik in der Geschichte der Archäologie und vermutlich Carters größter Fehler.

Carters Reaktion auf den Ausschluss der Frauen bewies der Regierung dann umso mehr, dass sie richtig entschieden hatten und der Ausgräber keine Rechte mehr an dem Grab haben solle.

Das Grab und seine Entdeckung, seine Schätze und wunderbaren Dinge, wendeten sich von einem Triumph in eine internationale Angelegenheit. Engländer, Amerikaner, Franzosen und Ägypter waren in dieses Problem inbegriffen. Man musste sich nur einmal vor Augen führen, dass in Carters Ausgräberteam Amerikaner vom Metropolitan Museum of Art in New York arbeiteten, wie der Fotograf Harry Burton und auch Ägypter, wie Carters Vorarbeiter Ahmed Gerigar.

VI. Ein Streik und seine Auswirkungen

Für Carter tat sich eine Situation auf, wie sie schlimmer nicht hätte sein können. Seinem Wesen gemäß handelte er wieder einmal impulsiv. Er ging unverzüglich ins Grab, durchschnitt die Stromkabel, schlug die Stahltür zu und blockierte sie mit einem Vorhängeschloss. Alle Schlüssel dazu steckte er in seine Jackentasche, rückte seine Fliege zurecht, setzte seinen Hut auf und eilte wütend nach Luxor. Im Hotel Winter Palace hing er eine Pressemitteilung an das schwarze Brett.

Carters Kollegen, alle weit entfernt von Carters Charaktereigenschaften, waren ebenso empört wie er. Aus Fairness ließen sie, bevor Carter das Grab schloss, noch die Presse ins Grab. Über dieses Ereignis der Besichtigung entstanden natürlich noch diverse Pressemeldungen.

Bei *Reuters* erschien ein Bericht, dass der Anblick betäubend war, eine wundervollere Entdeckung wäre noch nie gemacht worden.[112] Der Korrespondent der *Egyptian Gazette* meinte, dass das Tutanchamun-Fieber seinen Höhepunkt erreicht hätte. Es sei ein erhebender Augenblick gewesen.[113] Diese Zeitung war aber nicht nur Zeuge eines unglaublichen Anblicks, ihr fiel auch Carters Zustand auf. Er würde stark mitgenommen und verzweifelt aussehen. Kein Wunder, denn die nervliche Anspannung bei dieser Arbeit war enorm, daneben noch die Probleme, die der Ausgräber hatte. Carter war am Ende seiner Kräfte.

Kurz danach setzte er, wie schon gesagt, nach Luxor über und brachte folgende Information am schwarzen Brett im Winter Palace an.

> „Owing to impossible restrictions and discourtesies on the part of the Public Works Department and its Antiquity Service, all my collaborators, in protest, have refused to work any further upon the scientific investigations of the discovery of the tomb of Tutankhamen. I, therefore, am obliged to make known to the public that immediately after the Press view of the tomb this morning between 10 a.m. and noon, the tomb will be closed and no further work carried out. – (Signed) Howard Carter."[114]

Sein Verhalten sorgte für Schlagzeilen in der Weltpresse. Am 14. konnte man genau die Pressemeldung, die Carter im Winter Palace Hotel verlauten ließ, auch in der *Daily News* lesen.

Die *Times*, die Carter vorher im Zusammenhang mit den Regierungsproblemen unterstützt hatte, titelte geschockt am 14. Februar:

> „Luxor Tomb Closed! - Mr. Carters Action, Reply to official discourtesy."

---

112 Vgl. Brackmann, S. 165
113 ebd.
114 *The Times*, vom 14. Februar 1924

Der Leser wurde umfassend über die Vorkommnisse und Hintergründe informiert. Ein bedauerliches Ereignis, so las man, fand diesen Morgen im Zusammenhang mit dem Grab von Tutenchamun statt. Daraufhin folgte der genaue Abdruck der Pressemitteilung Carters vom schwarzen Brett des Winter Palace.

Für die allgemeine Öffentlichkeit war das eine unangenehme Überraschung, so der Artikel weiter. Nicht aber für die, die mitbekommen hatten was die letzten vier Monate vor sich gegangen war. Der Grund, so der Autor, stand in den Briefen, die Carter erhalten hatte und im Folgenden abgedruckt waren. Es folgte zum Beispiel die Konzession zwischen Lady Carnarvon, deren Vertreter Carter war und der Regierung, was auf einen Anspruchsstreit der Funde hinauslief. Des Weiteren wollte der Autor klarstellen, wie es zu diesem tragischen Ereignis gekommen war. Er untermauerte seine Ansichten mit dem Abdruck weiterer Briefe von der Regierung an Carter, darunter auch die Order, die Ehefrauen der Mitarbeiter nicht ins Grab zu lassen. Merton berichtete auch von den Reisen nach Kairo, die Carter gemacht hatte, da die Regierung ihm immer wieder Steine in den Weg geworfen hätte. Nach all diesen Angriffen und Unhöflichkeiten musste er das Grab einfach schließen, schrieb der Autor.

Die PR-Maschine *Times* arbeitete nach wie vor ausgezeichnet. Der Ausgräber trat als Opfer auf, wie bei vielen anderen Problemen vorher. Diese Informationen waren zwar richtig, aber dennoch nicht ganz umfassend und objektiv. Das zeigte, wie sehr der Vertrag zwischen der *Times* und Carter noch wirkte und vollzogen wurde.

Etwas später schrieb die *Times*, um noch einmal Carters Opferrolle zu verdeutlichen, dass es an der Zeit wäre, dass die Politik der Nadelstiche endlich aufhöre. Der Höhepunkt der Schikanen erfolgte in einer Zeit, als die Ausgräber erschöpft und ihre Nerven aufs äußerste gespannt waren. Unter diesen Umständen verwundere es nicht, dass sie sich schließlich mit nachdrücklichem und handfestem Protest wehrten, der zweifellos von allen Archäologen, Wissenschaftlern und Historikern der „zivilisierten Welt" unterstützt werden würde.

Solchen Beistand erhielt Carter aber nicht. Es sah zu diesem Zeitpunkt so aus, als habe er seine Weiterarbeit am Grab, ja sogar die Rückkehr ins Tal der Könige, für immer aufs Spiel gesetzt. Auch die Touristen verstanden die Schließung nicht. Was kümmerten sie die Probleme, die der Ausgräber mit der Regierung hatte. Sie wollten den „goldenen Pharao" sehen.

Das englische Magazin *The Saturday Review* brachte einen Artikel mit der Überschrift: Aufruhr im Tal der Könige. Der Artikel beinhaltete, dass Carter, solange er das Recht auf seiner Seite hätte, ihm ein vernünftiges Vorgehen die Sympathie aller unvoreingenommener Menschen einbringen würde. Nun aber habe er diese Sympathie durch eine völlig falsche Taktik und unüberlegte Handlungsweise verspielt. Im Osten sei es noch sinnloser als anderswo, dem Gegner mit einem Stock zu drohen, wenn man nicht in der Lage war, kräftig und hart zuzuschlagen. Orientalen würden jeden Bluff ernst nehmen und genau das habe die ägyptische Regierung getan. Es erstaunte nicht weiter, dass Carter, der schließlich Archäologe und kein Intrigant war, in eine offenbar sorgfältig vorbereitete Falle gegangen war.[115]

Selbst die Zeitungen erkannten eine Falle, nur nicht der Ausgräber. Wenn der Lord noch gelebt hätte, die Situation wäre völlig anders verlaufen, aber Carter war kein diplomatischer und einsichtiger Charakter.

Am 15. Februar 1924 äußerten sich Experten in der *Times*. Ihre Reaktionen waren heftig, sie waren ebenso fassungslos wie die andere, restliche Welt.

Sie schrieben einen Brief an den Chefredakteur der *Times*, mit der Absicht, die Katastrophe noch abzuwenden. Die Intention des Schreibens war klar, die Öffentlichkeit sollte an ihrem Protest teilhaben. Breasted, Gardiner, Lythgoe und Newberry hatten das Epistel unterschrieben. Dieser Brief, vom 30. Januar 1924 an Lacau, den nun die *Times* brachte, hatte zum Inhalt, dass die unterzeichnenden Experten hofften, dass man dieses Thema im Dienste der Wissenschaft mit Sorgfalt behandele, und dass man der Grabung keine Hindernisse mehr in den Weg legen solle. Carter habe um sich hervorragende Mitarbeiter, die ihre Arbeit unglaublich gut machen würden.

Sie versuchten vermutlich von Carters Charakter abzulenken und der Regierung klar zu machen, dass fähige Männer am Werk waren, die Besten für diese Aufgabe. Die Experten wollten zeigen, dass sie die Gefahr schon vorher sahen, dass etwas Unerwartetes passieren würde. Sie wollten bereits zwei Wochen vor dieser Katastrophe bei der Regierung den Streit besänftigen.

Unterstützend wirkte auch der anschließende Artikel von Elliot Smith, der das Wagnis einer Einstellung der Arbeiten deutlich darlegte, da viele Funde äußerst fragil seien, wäre die Gefahr einer Zerstörung der Schätze sehr groß. Ganz zu schweigen von dem kostbaren Sarg, der durch den darüber hängenden Sarkophagdeckel extrem gefährdet wäre.

An diesem Samstag, dem 16. Februar, rissen die Negativschlagzeilen aus dem Tal der Könige nicht ab. Eine andere Überraschung in Luxor, titelte die *Times*. Neue Unhöflichkeiten gegenüber Carter, denn ihm verweigerte man der Zutritt zum Grab.

Die Regierung hatte die Hoheit über das Grab übernommen und Carter ausgesperrt. Danach folgte ein Artikel über Carters Sicht der Dinge und seine Beschreibung, was an dem Tag des Streiks passiert war, wie er im Tal von Wächter am Betreten des Grabes gehindert wurde. Er äußerte sich auch über die Vorfälle in Kairo, einige Wochen zuvor.

Zwischen Carter und der Regierung war genau abgesprochen, so las man weiter, wie die Sarkophageröffnung vor sich gehen solle und wer anwesend sein dürfte. Es wurde ihm versichert, dass auch den Ehefrauen der Teammitglieder ein Besuch danach erlaubt wäre. Noch am Tag der offiziellen Eröffnung sei von dieser drohenden Unhöflichkeit nichts zu spüren gewesen.

---

115 Vgl. Hoving, S. 240

Der Autor dieses Artikels legte alle Ereignisse eher aus Carters Sicht dar, jeder Leser verspürte das Gleiche, dass es eine Ungeheuerlichkeit war, den Damen den Besuch zu verweigern.

Am Ende wünschte der Reporter und die ganze wissenschaftliche Welt Carter alles Gute, dass er auch weiterhin im Sinne der Wissenschaft seine Arbeiten fortsetzen könne.

Am 18. Februar gedachte der Korrespondent der *Times* den Zuständen im Grab. Er schrieb über das Risiko, dass der Sarg zerstört werden könne, weil immer noch der tonnenschwere Sarkophagdeckel, wie ein Damoklesschwert über ihm hängen würde.

Daneben berichtete er auch von einer anti-britischen Presse, die plötzlich aufgekommen sei. Sicher durch die Regierung beeinflusst, verurteilte die einheimische Presse, dass die britische sich gegen die Regierung stelle.

Die *Times* zeigte Carter als Opfer. Die anderen Zeitungen sahen es ähnlich, da sie sich keine andere Möglichkeit vorstellen konnten, wer der Schuldige war, außer der Regierung.

Für die ägyptische Presse war alles britische, natürlich auch Carter, Beispiele für die alte Kolonialpolitik Englands. Da sich die ägyptische Regierung nationalistisch orientierte, stellten die verhassten Briten alte Verhältnisse dar, die abgeschafft werden mussten. Carter war ihnen ein Dorn im Auge und natürlich auch, die ihn unterstützende *Times*, die nach wie vor als Vertreter seiner Interessen für ihn schrieb.

An diesem Tag titelte die Presse weltweit:

„Locked out at Luxor", „Luxor Surprise. Tomb closed and all work stopped", Discourtesies. Notice posted in Luxor Hotels.", „The Tomb Isn't Yours.", „Luxor Tomb. Lady Carnarvons Licence Cancelled.", „Mr. Carter. His Story of how he was kept out.", „The Luxor Tomb. Zaghlul Anxious to settle the Dispute.", „Locked Against Mr. Carter. Luxor Surprise. Government Guard Posted.", „Ultimatum to Mr. Carter. Government order to Resume work in 2 Days."[116]

Lediglich die *Times* schrieb einen Artikel zu Carters Verteidigung. Sie appellierte aber auch daran, dass die Probleme gelöst werden müssten.

Die Welt übte sich in Spekulationen und war immer noch für genaue Informationen von der *Times* abhängig. Carter kam nicht darauf, dass man diese Aktion hätte anders machen können, um sein Ansehen bei der restlichen Weltpresse zu verbessern. Leider war Carter dazu nicht in der Lage. Es wurde gestreikt und niemand wusste wirklich warum.

---

116 Reeves, Nicholas „The Complete Tutankhamun," Thames and Hudson, London, 1990, S. 65

VI 1. Die Gründe

Die *Times* berichtete am 19. Februar 1924:

„Mr. Carter and the Press - No Monopoly - The Arrangement with the Times."

Auch, so begann der Artikel, das Problem mit der Presse sei ein Grund, der zur Schließung des Grabes geführt hätte. Mehr als ein Jahr vorher hätten der verstorbene Lord Carnarvon und Carter einen Exklusivvertrag mit der *Times* unterschrieben, der beiden Seiten (offiziell) keinen finanziellen Vorteil bringen sollte. Bilder und Informationen waren für alle Zeitungen die etwas über Tutenchamun drucken wollten, gegen einen Preis erhältlich, der lediglich gewisse Kosten der *Times* decken sollte. Alle Zeitungen hätten das akzeptiert. Die ägyptische Presse bekäme dieselben Informationen völlig kostenlos. Es sei nie eine Gewinnabsicht, weder seitens des Lords noch seitens der *Times* vorhanden gewesen, es war doch kein „Monopoly".

Mit diesen Worten wurde der Leser aufgeklärt. Unter dem Artikel befand sich noch ein zweiter, überschrieben mit: „Luxor Tomb Dispute - Egyptian Government's Terms." Der Reporter schilderte hier, dass er in einheimischen Zeitungen gelesen habe, dass sich die Regierung mit Carter nicht auf einen Kompromiss einigen könne.

Am 23. Februar 1924 wollten dann alle Minister nach Luxor reisen und dort eine offizielle Wiedereröffnung des Grabes vornehmen, dabei anwesend auch prominente Vertreter der Gesellschaft und namhafte Archäologen. Die Regierung würde Carter danach ohne Probleme weiterarbeiten lassen, unter der Bedingung, dass er gewisse Auflagen der Regierung befolge, wie zum Beispiel das sofortige Beenden des Vertrages mit der *Times*. Eine andere Bedingung wäre, dass die ägyptische Regierung sämtliche Rechte am Grab erhielt, von der Veröffentlichung von Informationen und Bildern, bis hin zur Bestimmung, welche Arbeiten Carter im Grab und im Tal der Könige durchführen dürfe.

Ob diese Dinge nun wahr waren oder nicht, so schrieb Merton, wichtig sei, dass die Regierung versuche, Carter in seine Schranken zu weisen. Durch diese Informationen konnten sich die Leser wieder einmal nur einen Schuldigen vorstellen, die Regierung.

Sollte Carter die Bedingungen nicht erfüllen, würde ihm die Konzession entzogen, die Regierung sei dann entschlossen, die Türen des Grabes aufzubrechen und mit eigenen Leuten die Arbeiten im Grab fortzusetzen.

Eine düstere Zukunft sah die *Times* für Carter und das Grab voraus. Im Grab aber war in dieser Zeit die Situation noch bedrohlicher.

Es war zu bedenken, dass der Deckel immer noch einen halben Meter über dem Sarg hing. Die Seile und der Flaschenzug an einer instabilen Halterung befestigt, waren nur dazu da, den Deckel kurz anzuheben, nicht ihn länger halten zu müssen. Viel Platz hatte man in der Grabkammer nicht. Ein weiterer, innerbefindlicher Sarg, der unter dem Deckel zum Vorschein kam wäre der Zerstörung geweiht, sollte das Tragwerk den Deckel nicht mehr halten können.

Der *Christian Science Monitor* aus Boston schrieb beispielsweise: Streit in Luxor, Sargdeckel hängt in der Luft.

Niemand hatte mit einem solchen Gang der Ereignisse gerechnet, es verschlug jedem die Sprache.

Der *London Evening Standard* machte die Geldgier der ägyptischen Regierung für diese Ereignisse verantwortlich. Fast jeder Ägypter glaube, dass es in dem Grab so viel Gold gäbe, um die Staatsschulden Ägyptens zu bezahlen, schrieb man dort.

Im *Christian Science Monitor* schrieb Charles Breasted anonym: Tatsache sei, dass das derzeitige sehr befremdende Verhalten der ägyptischen Regierung ein abgekartetes Spiel wäre, begünstigt durch den Antikendienst, der Mr. Carter seit der Wiederaufnahme der Arbeiten im letzten Oktober auch nicht die geringste Unterstützung habe zukommen lassen.

Die *Times* schloss sich natürlich der Regierungsanfeindung an, war sie doch die Zeitung die Carter verteidigen musste. Sie schrieb: Schwierigkeiten, die durch die Schließung des Grabes und somit zum plötzlichen Ende der Arbeiten geführt hätten, seien leider weitgehend auf den Einfluss unnötiger Unruhestiftung von außen zurückzuführen.

Carter äußerte sich nicht dazu und spielte den Unschuldigen.

Die ägyptische Presse stellte sich natürlich auf die Seite der Regierung, indem der *Balagh* schrieb: Ägypten habe genug unter dem Ausländer Carter gelitten, der vor den Augen der ägyptischen Öffentlichkeit und eines hohen Regierungsbeamten das Grab eines Pharao geschändet habe, als sei es das seines eigenen Vaters.

Mahroussa forderte die Regierung auf: Zeigen sie Mr. Carter, dass wir eine wirkliche Regierung haben, und die *Akbar* meinte: Wir müssen der Tyrannei eines Mr. Carter und ähnlicher Leute ein Ende setzen.

Nur einer einzigen ägyptischen Zeitung waren diese Angelegenheiten peinlich. Der *Siyasa* beschuldigte die Regierung, zu viel Aufhebens, um die Frauen zu machen.[117]

Lacau wurde in letzterem Artikel gefragt, wieso er das getan habe. Es wäre nur höflich gewesen, die Frauen auch zu einer Besichtigung zuzulassen. Was ihn dazu trieb, konnte die Zeitung auch nur vermuten. Eine absichtliche Intrige war offiziell selbst für diese Zeitung unglaublich.

Die Welt schüttelte über die Vorgänge in Ägypten den Kopf. Der *Daily Express* schrieb: Für die ganze Welt sei es uninteressant ob Mr. Carter oder Mr. Lacau die Mumie auswickele, aber sie wäre besorgt um Tutanchamun und sein weiteres Schicksal, das ihm von der heutigen Generation zugefügt würde.[118] Aber das war noch nicht die Spitze der Auseinandersetzungen.

Ein Reporter derselben Zeitung sinnierte kurze Zeit später, dass der Sargdeckel immer noch in der Luft hänge, an einem viel zu schwachen Tauwerk, das

---

117 alle Statements, auch aus den ägyptischen Zeitungen aus Brackmann, S. 166, 168, 170
118 ebd.

täglich ein wenig nachgäbe, bis der Augenblick kommen würde, wo es reißen und das unschätzbare Kunstwerk unter sich zerstöre.[119]

Die Situation war in jeder Lage und im wahrsten Sinne des Wortes bis zum Zerreißen gespannt.

VI 2. Die Grabungskonzession wird aufgehoben

Der Disput in Luxor ging weiter. Carters Konzession wurde gekündigt. Die Regierung, so las man in ihrer Erklärung, sah sich aufgrund der Schließung des Grabes und des Verhaltens von Carter nach Artikel 15 gezwungen, ihm die Konzession für das Tal zu entziehen.

Die Regierung verwehrte Carter daraufhin alle Autorität und behielt sich vor, das Grab zu gegebener Zeit wieder zu eröffnen und selber die Arbeiten fortzusetzen.

Der *Mokattam* berichtete, so las man am 21. Februar 1924 in der *Times*, dass Carter seinen Anwalt bemühte, an dem Gemischten Gericht[120] eine Klage gegen das Eindringen der Regierung in das Grab einzubringen.

Der *Siyasa* berichtete, dass Carter noch eine andere Klage eingereicht habe. Er wolle erreichen, dass der Minister ihm wieder Zutritt zum Grab gewähre, sodass er darin weiterarbeiten könne.

Diese Artikel der ägyptischen Zeitungen standen in der *Times*. Alles, aber auch alles was sie bekommen konnten, setzten sie für Carter und gegen die Regierung ein.

Am 22. Februar beschäftigte sich die *Times* mit der Wiedereröffnung des Grabes durch die Regierung.

Mr. Carter gab die offizielle Version des Disputes bekannt. So eingeleitet durch den Reporter der Zeitung, las man zuerst die Nachricht, dass Lacau das Grab am 22. Februar wieder eröffnen wolle. Er schickte Carter ein Telegramm, in dem er ihn bat, anwesend zu sein, sollten Fragen auftreten. Die erste Handlung wäre, den Sarkophagdeckel hinunterzulassen. Die Presse musste dabei natürlich zugegen sein.

Dann folgte die Veröffentlichung eines Communiqués des Ministeriums für Öffentlichkeitsarbeit. Danach solle Lady Almina eine neue Grabungskonzession erhalten, verbunden mit vielen Auflagen. Die Gründe für diese Vorbehalte wurden danach ausführlich aufgeschlüsselt.

Es schloss sich die Sicht der Dinge zu den Verhältnissen in Luxor an, seitens des Prämierministers. Im Nachfolgenden fand der Leser noch einen Abschnitt, der über die Möglichkeit einer neuen Konzession mit neuen Inhalten berichtete.

Die *Times* spekulierte, immer mit Vorwürfen an die Regierung, wie die neue Konzession wohl aussehen könne. Natürlich wusste die Zeitung, dass das ihr Ende als Exklusivberichterstatter war.

---

119 Vgl. Hoving, S. 242
120 Das war ein Gericht für Ausländer, die gegen Einheimische klagten, oder umgekehrt.

VI 3. Einbruch ins Grab

Einige Tage später, am 23. Februar 1924 war eine niederschmetternde Überschrift in der *Times* zu lesen:

„Egyptian official force entry"

Besonders schlimm war es für die, die auf Carters Seite standen und hofften, dass doch noch ein Kompromiss gefunden würde.

Der Reporter berichtete, dass an diesem Tag Lacau die Schlösser zum Grab und zum Labor aufgebrochen habe und so in das Grab gelangt wäre.

Lacau hatte Carter einen Tag vorher einen Brief geschickt in dem stand, dass er die Schlüssel zum Grab aushändigen solle. Das tat er nicht.

Die Regierung berechnete unbedingt in das Grab zu gelangen, da der britische Hochkommissar und Oberbefehlshaber der britischen Armee in Ägypten, Lord Allenby, am 06. März 1924 das Grab besichtigen wollte.

Da die Verantwortlichen keinen Schlüssel für die Schlösser hatten, die den Zutritt zum Grab versperrten, brachen sie die hölzerne Tür und das Stahlgitter einfach auf. Dort fanden sie den Deckel noch genau so, wie er vor neun Tagen dort hochgezogen wurde. Er hing immer noch an den Flaschenzügen. Die Eindringlinge schwenkten ihn herum und ließen ihn neben dem Sarg zu Boden.

Lacau schaltete dann die meiste Beleuchtung im Grab aus, sodass das Gold im Sarg, beleuchtet nur durch einen einzigen Scheinwerfer die Betrachter in die Zeit des toten Königs zurückzuführen schien.

Die ägyptische Presse nannte das Ereignis eines der glanzvollsten in diesem Jahrhundert. Das zeigte das Verständnis der neuen Regierung für die Bedürfnisse des Volkes, das sich mit der ruhmreichen Vergangenheit seines Landes verbunden fühlte.

Die ganze Aktion dauerte fünfundvierzig Minuten, konnte man in der *Times* lesen.

Die Männer verschlossen die Türen danach mit neuen Vorhängeschlössern. So verfuhren sie auch mit den Schlössern des, als Labor genutzten Grabes. Die Regierung stellte Polizeikräfte ab, die die Gräber vor Carter und seinen Mitarbeitern beschützen sollten.

Am 20. März 1924 schrieb ein anonymer Korrespondent in der *Saturday Review*, wie die gewaltsame Graböffnung durch die Regierung inszeniert worden war und bestätigte, dass die Ägypter eine „Tour de farce" veranstalteten.

Er bezeichnete den Minister als kleinlichen Intriganten. Der Reporter rügte die Auseinandersetzungen der Presse mit Carter und der *Times* und die Machenschaften der Behörden, die Carter in den Streik trieben. Der Artikel schilderte ihn als unschuldiges Opfer, der immer gegen den Vertrag mit der *Times* war.[121]

Die Regierung wurde hier als Täter, Carter als unschuldiges Opfer dargestellt. Der Tonfall des Artikels und der Zeitpunkt seines Erscheinens lassen deutlich

---

121 Vgl. Hoving, S. 245

erkennen, von wem der Verfasser inspiriert wurde, von keinem anderen als von Howard Carter selbst.

Auf den ersten Blick war es erstaunlich, dass eine Zeitung die gleiche Position wie die *Times* einnahm, allerdings waren die Worte so ähnlich, dass man vermuten konnte nur Carter selbst könne dahinter stecken.

Die Wissenschaftler in Carters Team sahen sich plötzlich einer islamischen Gegenwart gegenüber, die ihnen nicht geheuer war. Sie protestierten als ägyptologische Gemeinschaft in der *Times*. Die Forscher würden in dem Verhalten der ägyptischen Regierung, in der Frage des Grabes von Tutenchamun die Absicht sehen, einen Präzedenzfall zu schaffen, der in jeder Hinsicht darauf abziele, die gesamte Zukunft der archäologischen Arbeit in Ägypten aufs Spiel zu setzen.

Versuche seitens Lacau, Mitglieder aus Carters Team abzuwerben, misslangen. Das Grab war zwar wieder, durch den Einbruch der Regierungsvertreter offen, aber niemand hatte die Kompetenz weiter daran zu arbeiten. Es waren keine anderen Experten verfügbar, schon gar nicht in Ägypten. Alle wirklich überragenden Kapazitäten befanden sich in Carters Team.

VI 4. Das Grab wird wieder eröffnet

Die Regierung beschloss, dadurch dass sie endlich alles unter Kontrolle zu haben schien, das Grab wieder für die Öffentlichkeit zugänglich zu machen. Im März 1924 wurde es feierlich wieder eröffnet.

Die *Times* schrieb dazu, dass die feierliche Wiedereröffnung eine reine politische Absicht war. Nahezu jegliches archäologisches Interesse an der Feierlichkeit sei vergessen.

Nach der Eröffnung gingen innerhalb von zehn Tagen mehr als 2000 Menschen im Grab ein und aus.

Carter war von Besuchen ausgeschlossen. Er konnte nur zusehen und hoffen, dass im Grab nichts zerstört werden würde.

Charles Breasted schilderte später Carters Situation:

> „Since I had first met him in 1905 near this very spot, Carter has spent most of his career searching for this tomb. He had sacrificed health and large financial returns as a result of his insistence upon personally super intending almost every phase of the removal and preservation of the objects in the tomb. He had quarreled with his only friend, Carnarvon, because of his belief that the entire find should remain Egypt's. And now the same soldier he had posted to insure the tomb's safety were marching up and down before me, under orders to prevent his access to it."[122]

---

122   Breasted, Charles, „Pioneer to the Past – the story of James Henry Breasted", Jenkins, London, 1948

Breasted, als ein Freund Carters, schrieb über seine Situation etwas, dass auch nicht anders in der *Times* hätte stehen können. Er legte seine Ansichten aber auch in der *Chicago Daily News* dar. Breasted formulierte, dass es bekannt sei, dass das Grab in antiker Zeit beraubt wurde. Gestern aber sei es das erste Mal gewesen, dass es in der Neuzeit, und zwar durch die ägyptische Regierung, geschah.

Nachdem er die Ereignisse des weiteren Tages beschrieb, ging er auf ein Telefongespräch mit Carter vom selben Tag ein. Breasted fand einen von Kummer zerrissenen Mann vor, deprimiert durch eine Serie von unglaublichen Dingen und Angriffen, nicht wie jemand, der die größte archäologische Entdeckung des gesamten Orients gemacht hatte.[123]

VI 5. Der *Times*-Vertrag wird nicht mehr verlängert

Nach fast einem Jahr, nach vielen Gesprächen, Zugeständnissen und Rechten, die dem Antikendienst eingeräumt wurden, war Carters Kampfgeist gebrochen. Die zerstrittenen Parteien kamen zu einem Kompromiss. Carter stimmte zu, den Vertrag mit der *Times* für ein drittes Jahr nicht mehr zu verlängern. Daneben regelte man auch die Verteilung der Funde neu. Der Ausgräber musste alle Fundsprüche aufgeben, konnte dafür aber weiter im Grab arbeiten.

Zusammenfassend muss noch einmal die Situation des *Times*-Vertrages dargestellt werden. Der Vertrag mit der *Times* wurde von Lord Carnarvon ausgehandelt und von Carter so dargestellt, dass es eine Flucht aus einer unmöglichen Situation war. Die Aufregung war groß, als man das Grab fand und es war evident, dass man als erstes eine ständige Unterbrechung seitens der Presse vermeiden wollte. Die bedeutendsten Dinge sollten nur von einer Organisation an die Weltpresse weitergegeben werden. Der Vertrag wurde (offiziell zumindest) nicht aus Gewinnstreben abgeschlossen, obwohl das andere Menschen, ganz besonders andere Pressevertreter, ganz anders sahen, was es ja auch war. Als bekannt wurde, dass solch ein Vertrag unterschrieben war, begann eine Kampagne der Verleumdung über die Grenzen Ägyptens hinweg. Durch diese negativen Schlagzeilen, ausgelöst durch den Exklusivvertrag, wurde die Stimmung zwischen den Ausgräbern und der Regierung immer gespannter.

In dem Vertrag mit der *Times* nahm die ägyptische Presse eine Sonderstellung ein. Es wurde garantiert, dass sie von der *Times*, ohne Kostenbelastung alle Informationen und Neuigkeiten bekämen, die sie benötigten. Weiterhin konnten sie diese simultan zur Londoner Presse drucken, so dass die Berichte gleichzeitig, in der Londoner und der ägyptischen Presse zu lesen waren. Ähnliche Vereinbarungen hatte die *Times* mit allen anderen Zeitungen die es wollten, allerdings gegen Entgelt. Sie lieferten die Informationen und das wurde so akzeptiert. Mit Ausnahme einer europäischen und einer ägyptischen Zeitung waren

---

123   James, „Howard Carter- The Path to Tutankhamun," S. 347

alle einverstanden und nutzten den Timesservice. Es bestand an sich kein Grund für Probleme.
Carter war einverstanden, die Meldungen nach Kairo weiterzuschicken. Alles lief gut, bis sich die Oppositionspresse einmischte. Diese Pressevertreter versuchten den Vertrag mit der *Times* zu zerstören, indem sie einen täglichen Bericht forderten. Sie nahmen die Anwesenheit von Timesreporter Merton, den Carter offiziell in sein Team aufgenommen hatte, zum Anlass einer Attacke, mit dem Hintergrund, dass die ägyptischen Menschen ein ernsthaftes Recht auf Informationen aus ihrem Lande hätten. Das Ministerium für Antikes, geleitet von Archäologen, erlaubte den Einfluss der Presse. Diese Behörde schützte nicht die Grabungen, wie es einmal ihr Motto gewesen war, sie spielte Informationen in die Hände der Journalisten und hinderte die Ausgräber an ihrer Arbeit. Carter war gezwungen, sich zu ergeben. Er musste seine Unabhängigkeit aufgeben und wurde, nach der Zeit der Probleme mit der Regierung, eine Art Angestellter des Ministeriums.

VI 6. Carter darf weiterarbeiten

Der ägyptischen Regierung wurde klar, dass sie keinen Forscher mit vergleichbaren Fähigkeiten hatten wie Carter. Es gab keinen anderen Mann, der sich auf diesem Gebiet, in diesem Grab so auskannte und solch einen Stab von Experten bereithielt, die fotografierten oder konservierten. So gesehen durfte er nur deshalb seine Arbeiten am Grab fortsetzen, allerdings waren die neuen Auflagen vernichtend. Alles was dem Ausgräber und den Erben Carnarvons noch blieb, waren ihre Namen in den Geschichtsbüchern und Carters Wunsch, am Grab zu arbeiten, der ihm erfüllt wurde.

Neben den Bedingungen, dass Carter zwar der Repräsentant von Lady Almina, der Witwe von Lord Carnarvon war, behielt sich die Regierung völlige Kontrolle über die Operationen, die im Grab ausgeführt wurden, vor. Sie konnte sich nun offiziell in alles einmischen, wann sie wollte und wozu sie es wollte.

Des Weiteren hatte Carter nun allen Besuchern Zutritt in das Grab zu gewähren, die von der Regierung autorisiert waren. Er durfte keine Freunde oder andere Archäologen hineinlassen, ohne vorher mit der Regierung über eine Erlaubnis für sie gesprochen zu haben.

Der Ausgräber hatte wieder Mitarbeiterlisten zu erstellen und sie an die Regierung zu senden. Diese behielt sich dann vor Namen zu streichen.

Die neue Konzession hatte einige neue Klauseln, die unbedingt eingehalten werden mussten und die einzige Grundlage zur Weiterarbeit darstellten. Zum Beispiel wurde in der Klausel sieben des neuen Vertrages klar gemacht, dass alle Funde, alle Fotos, einfach jedes Objekt in einer angemessenen Zeit dem Ministerium gemeldet werden müsse. Aber das Wichtigste war die Klausel neun:

> „The beneficiary [also Lady Almina, damit natürlich auch Carter] shall have no exclusive right of publication in the Press of news relating to the works, and the government may at any time publish com-

muniqués or information on this subject in the Press or otherwise. The beneficiary undertakes not to give any information to the Press before having handed over the bulletin provided in the last preceding paragraph, and not to grant any monopoly for the publication of the above news."[124]

In Klausel zehn wurde noch etwas zur allgemeinen Publikation der Ergebnisse festgehalten und klar gemacht, wer die dafür Kosten trägt.

„The beneficiary of the authorisation undertakes to publish the scientific results of the works within the term of five years from expiry of the present authorisation. On the expiry of this term the Ministry of Public Works shall be at liberty to take steps for the said publication. [...] The beneficiary further undertakes to deliver free of charges and without expense to the Egyptian Government two copies of the drawings, papers, separate impressions or collections of engravings which might be published by her or her agents on the Tomb of Tout-Ankh-Amon and its contents."[125]

Letztlich wollte die Regierung alles an sich binden, jedes Recht, jede Publikation, jedes Wort was gedruckt werden sollte und natürlich alles, was im Grab war. In Klausel elf stand dann:

„The right of commercial reproduction of the objects found in the course of the works is reserved to the Egyptian Government."[126]

Das Problem war an sich nie wirklich der Vertrag mit der *Times*, man könnte das eher als Auslöser einer Zwistigkeit sehen. Niemand, ganz besonders nicht die Regierung, hätte es nämlich für möglich gehalten, dass es ein Grab im Tal der Könige geben würde, das noch unberührt war. Am wenigsten hatte man damit gerechnet, dieses auch noch zu finden, ganz besonders als es hieß, man hätte alles entdeckt und im Tal sei nichts mehr.

Letztlich war die Regierung erstaunt darüber, nicht nur sie, sondern auch die ganze Welt. Die Konzession aber musste geändert werden, damit alle Schätze und Aufzeichnungen im eigenen Land blieben. Das ging so ohne weiteres nicht. Es wurde ein Grund gesucht, den Fund und den störrischen Ausgräber unter Regierungskontrolle zu bringen. Was für eine Chance, dass Lord Carnarvon einen solchen, bis dahin einmaligen Exklusivvertrag mit der *Times* geschlossen hatte, der mehr Ärger als Nutzen für die Ausgräber brachte.

Das war sicher der Fluch den Carter ereilte, nicht der Fluch des Pharao, eher der Fluch des Exklusivvertrages.

---

124   Carter, „Tut-Ankh-Amen, The Politics of Discovery," S. 142, 143
125   ebd.
126   ebd.

Nachdem die Probleme mit der Regierung beseitigt waren und die Konzession für Lord Carnarvons Witwe erneuert wurde, konnte Carter wieder an die Arbeit gehen, was er auch sofort tat.

Am 13. Januar 1925 war eine kleine Meldung in der Mitte einer Seite der *Times* zu lesen. Der Disput um das Grab in Luxor sei beigelegt, lautete der Titel.

Man sollte meinen, dass die Welt jubeln würde, was sie auch tat, nur nicht die *Times*, die zwar immer noch berichtete, aber ihre Privilegien durch die Einigung zwischen Carter und der Regierung völlig verloren hatte. Diese neue Übereinkunft zwischen Carter und der Regierung solle am folgenden Tag unterschrieben werden, so der Reporter. Der Autor hoffte, dass alle Wünsche beider Seiten in diesen Vertrag eingebracht würden. Nach den letzten Informationen sei Carter bereits nach Luxor aufgebrochen, um das Grab wieder zu öffnen, und seine Arbeit darin wieder aufzunehmen.

Einen Tag darauf war Tutenchamuns Grab wieder eröffnet. Die *Times* beschäftigte sich immer noch ausführlich mit der neuen Konzession. Sie schienen ihr Todesurteil selbst auf das Genaueste mitverfolgen zu wollen.

Die neue Grabungslizenz, erstellt vom Minister für Öffentlichkeitsarbeit Mahmud Bey Sidky, sollte nicht unterschrieben werden, bevor Carter mit Lady Almina darüber gesprochen habe. Gab es doch noch eine Chance für die *Times*? Aber die Situation war klar, die Regierung hatte gewonnen.

Die neue Konzession sollte bis Oktober 1926 Bestand haben. Allerdings war jetzt schon klar, dass Carter der Experte war, der auch weiterhin in diesem Grab seine Arbeiten ausführte. Die wichtigsten Punkte, die mit Carnarvons Witwe zu besprechen waren, dass sie keine Funde aus dem Grab erhielt. Die Regierung bot an, Duplikate anzufertigen, die sie stattdessen bekäme. Durch später beschlossene Gesetze, erhielt sie nicht einmal mehr das.

Die *Daily News* schrieb am 15. Januar 1925, Howard Carter habe sich mit der ägyptischen Regierung letztlich über neue Bedingungen geeinigt. Das Grab des Tutenchamun sei wieder für die Arbeiten frei gegeben. Die Konditionen, die ausgehandelt wurden, gleichen denen, die man bereits im Juni des letzten Jahres verlangt hatte.

Die Zeitung stand demnach auf der Seite des Ausgräbers. Sie wussten sehr wohl, dass die Regierung das Grab und die Arbeiten daran, die Presserechte und alles was noch damit zusammenhing, langsam unter ihre Kontrolle brachten.

Am 16. Januar 1925 ging die *Times* dazu über, wieder von den Vorgängen im Tal zu berichten. Als nächstes solle der innere Sarg geöffnet werden. Carter sei bereits auf dem Weg nach Luxor, wo er vermutlich am 23. Januar eintreffen werde. Was die nächste Grabungssaison bringen würde sei noch unklar, nur eines sei klar, dass der innere Sarg Anfang Februar geöffnet werde. Dann sehe man endlich den Pharao, wie er in seinem Sarg liege und konnte vor allem sein Alter bestimmen. Ein Thema, das die Wissenschaftler schon seit einiger Zeit beschäftige. Diese Arbeit werde wohl eine, wenn nicht noch eine weitere Saison dauern, spekulierte der Reporter nüchtern. Man könne es nicht sagen, aber man hoffe in der Schatzkammer weitere Hinweise auf die Regierungszeit oder den Alltag des Königs zu finden, vielleicht auch einen Anhaltspunkt auf die Grabstätte seiner Königin, oder gar ihr Grab selbst.

VI 7. „Politics and Discoveries"

Carter nutzte die Publizistik bald für seine eigenen Zwecke. Zwischen 1923 und 1924 entstand ein Pamphlet, vierundsiebzig Seiten stark, mit dem Titel: „The Tomb of Tut-ankh-amen. Statement with Documents, as to the Events which occurred in Egypt in the Winter 1923-24, leading to the ultimate break with the Egyptian Government. (For Private Circulation only)"

Das schrieb er während des Streiks, sodass der Leser all die Ereignisse, die zu ihm geführt hatten, aus Carters Sicht betrachten konnte. Aber wieso kam er nicht auf die Idee, seine Ansichten der Presse, nicht nur der *Times*, einmal genau darzulegen? Er hätte mehr Agenten, die für ihn sprachen, rekrutieren können. Die Presse war aber schon seit Beginn der Grabung verärgert über Carter und so wären die Aussichten auf Erfolg wohl nicht besonders groß gewesen.

Interessant war, dass das für diese Arbeit unter anderem als Literaturgrundlage benutzte Buch „Politics and Discoveries" Teil des Problems war, das die Regierung mit Carter hatte.

Das Büchlein spiegelte in jeder Hinsicht Carters Fanatismus wieder. Er zählte alle Einzelheiten der Auseinandersetzungen auf. Nicht das kleinste Detail oder der kleinste Brief blieben darin unerwähnt. Carter betonte, dass es ihm während des ganzen Disputs nur um Frieden ging. Allerdings ließ sich an Schrift und Sprache erkennen, dass man es bei diesem Büchlein mit einem Mann zu tun hatte, der mit sich selbst und der Welt uneins war.

Viele Archäologen waren gegen dieses Buch. Manche bezeichneten es sogar als ein abscheuliches Machwerk. Es schien, als wollte Carter jeden in den Streit mit hineinziehen und so Lacaus Absetzung erreichen.

Der Direktor des Metropolitan Museums of Art in New York, Edward Robinson, traf einmal mit Carter zusammen. Sie fuhren beide auf demselben Schiff von New York nach England. Robinson äußerte sein Missfallen gegen das Buch, ebenso verurteilte er Carters Verhalten in dieser Regierungsaffäre. Zu seinem Erstaunen gab Carter zu, dass er viele „dumme" Sachen gemacht habe, die er zutiefst bedaure.[127] Carter bedachte seine Situation und entschloss sich, seinen Kampf gegen die Regierung aufzugeben. Er schrieb eine Verzichtserklärung an die ägyptische Regierung auf alles, was sich im Grab befand und teilte mit, dass er die Klage gegen sie zurückzog. Lady Carnarvon stimmte dieser Erklärung zu, die so, am 13. September 1924, dem Minister zuging.

Carter war zur Vernunft gekommen, der Streik war beigelegt und die Arbeiten wurden fortgesetzt.

---

127 Vgl. Hoving, S. 276

VII.   Ausführliche Presseberichte in Deutschland

VII 1.   „Die *Woche*"

In Deutschland wurde natürlich auch über die Funde und die Vorgänge im Tal der Könige berichtet, in einer Zeitschrift mit Namen die *Woche*.

Vermutlich durch die Copyrights der *Times* und durch die Vereinbarungen gewisser Beträge für die Veröffentlichung der Artikel und der Fotos, die an die *Times* zu zahlen waren, erschienen in dieser Zeitschrift erste Berichte erst im Februar 1924, also genau in der Zeit, in der Carter streikte.

Die Berichterstattung in der *Woche* muss man vom Datum unabhängig betrachten. Man kann sie nicht zeitlich und chronologisch einordnen. Alles was 1924 hier zu lesen war, so lange Zeit nach dem es geschah, kann meines Erachtens auf das *Times*-Monopol zurück geführt werden. Daher sind Artikel von 1924 gleichzusetzen mit denen von 1922, oder mit den Ereignissen, die zu früheren Zeitpunkten geschehen waren.

In diesem Kapitel nun soll ein Blick auf eine Zeitschrift geworfen werden, die weit ab von der *Times* arbeitete. Hier fand man keine glorifizierenden Darstellungen von Carter oder andere Huldigungen.

Die *Woche* hatte einen Vertrag mit der *Times* und berichtete in Deutschland.

Die erste Nummer der *Woche*, die sich mit den Ausgrabungen Howard Carters beschäftigte, erschien erst im Februar 1924, fast zwei Jahre nach der großartigen Entdeckung. Ein Wissenschaftler, Dr. Walther Wolf[128], Assistent beim Ägyptischen Museum zu Berlin, wie es in der Überschrift zu lesen war, schrieb hier an die Leser.

Der lange Artikel in der *Woche* mit der Überschrift „Am Grabe Tutanchamons" hatte eine englische Unterüberschrift:

> „The Times World Copyright by Mr. Harry Burton of the Metropolitan Museum of Art New York, Expedition. Lent by Courtesy of the Trustees and the Director of the Egyptian Department." [129]

Die Rechte der Fotos, die in der *Woche* zu sehen waren, lagen bei der *Times*. Jeder der sie verwenden wollte, musste die Rechtsfrage mit der *Times* regeln.

Fast zwei Jahre später war es für die Zeitschrift möglich, Fotos zu übernehmen, und keine Zeichnungen oder Skizzen bringen zu müssen.

Die Artikelüberschrift trug dazu noch ein Sternchen, das am Ende der Seite erklärt wurde und die Rechtslage veranschaulichte. Es hieß:

---

128   Wolf war lediglich bis 1922 Assistent im ägyptischen Museum in Berlin. 1923 promovierte er zum Dr. phil. in Heidelberg und lehrte auch dort. In den Jahren 1926/ 1927 arbeitete er zusammen mit Borchardt in Kairo, bevor er 1928 dem Ruf nach Leipzig folgte, wo er eine Professur annahm.

129   *Die Woche*, Nummer 8, vom 23. Februar 1924, S. 187

„Wir beginnen heute mit der Veröffentlichung einer Reihe illustrierter Artikel über die epochemachende Ausgrabung des Tutanchamon-Grabes in Ägypten. Der Verlag Aug. Scherl G.m.b.H. in Berlin hat das gesamte Photographien-Material mit dem alleinigen Reproduktionsrecht für Zeitungen und Zeitschriften in Deutschland erworben. Die Schriftleitung"

Walther Wolf war einer der wenigen Fachwissenschaftler, die in Deutschland über diesen Fund schrieben. Anderen Zeitungen waren die Ereignisse in Ägypten nur kleinere Meldungen wert. Die *Woche* dagegen füllte ganze Ausgaben mit Tutenchamun.

In diesem ersten Artikel erklärte der Autor zunächst die fachlichen Zusammenhänge, die Zeit Tutenchamuns und seine Vorgänger. Er ging danach auf das Tal der Könige ein, auf antike Grabräuber und moderne Ausgräber. Der Artikel lieferte Hintergrundwissen und eine kurze Einführung, wie Carter das Grab gefunden hatte.

Es folgte eine genaue Beschreibung des Grabes und einiger Funde, die sogar im Foto zu sehen waren. Eine wissenschaftliche Einschätzung schloss sich an. Eine Möglichkeit, die nur wenige Zeitungen in Deutschland und in der Welt wahrgenommen hatten. Die *Woche* als nicht fachspezifische, wöchentlich erscheinende Zeitschrift gab hier einem Wissenschaftler die Möglichkeit einer Einschätzung. Er schrieb, dass der Fund kunstgeschichtlich sehr wichtig sei und dass man eine Art Verbindung gefunden habe von der Amarnazeit, also der Zeit Echnatons, zur Ramessidenzeit, von der 18. zur 19. Dynastie im Neuen Reich, im antiken Ägypten. Allerdings schränkte er auch ein, dass man immer noch auf einen Papyrusfund hoffe, der Aufschluss über gewisse wissenschaftliche Fragen liefern könne.

Durch diese Einschätzung zeigte sich hier zum ersten Mal, dass der Fund zwar großartig war, aber, wenn man nichts Schriftliches fände, der Wissenschaft nicht besonders dienlich wäre.

Der Artikel war nicht nur mit einigen Fundfotos vervollständigt worden, er enthielt auch eine Skizze des gesamten Grabes, Fotos der Ausgräber und des Tals.

Der nächste Artikel in der Nummer neun, vom 01. März 1924 war nur sehr kurz. Er begann mit, wieder von der *Times* übernommenen, Fotos von Funden, die eine Verzierung eines Streitwagens und einen Stab des Königs zeigten.

Darunter konnte man wieder, etwas kleiner gedruckt, das *Times* Copyright lesen, bevor der Artikel mit der Überschrift:

„Kunstgewerbliche Kostbarkeiten aus dem Tutanchamon-Grab"
begann.

Der Autor, wieder Dr. Walther Wolf, zeigte einen kurzen Abriss über die Umstände der Herrschaft vor Tutenchamun und erklärte, wieso die Könige so reich waren, um sich mit solchen Schätzen bestatten zu lassen. Er ging zu einer

Beschreibung der Funde über, die nur mit zwei Fotos veranschaulicht wurden, obwohl er über viel mehr berichtete.

Kurioserweise ging er auf Fotos in der Ausgabe Nummer acht ein, z. B. auf ein Relief der Rückenlehne des gefundenen Thrones.

Die zweite Seite dieser Nummer zeigte noch drei weitere Funde: eine Vase, die Unterseite eines Skarabäus und das Oberteil eines Streitwagens.

Unter dem Bericht stand eine interessante Fußnote:

„In der nächsten Nummer bringen wir wieder eine umfangreiche Veröffentlichung mit zahlreichen neuen hochinteressanten Bildern aus dem Tutanchamon-Grab. Die Schriftleitung."

Die Nummer zehn der *Woche*, vom 08. März 1924 war eine „Tutanchamon-Nummer." So wie in Heft neun angekündigt, folgten nun sechs Seiten mit Fotos vom Grab, vom Tal, von den Schreinen, von der Sargkammer und gezeichnete Bilder, wie man sich das Leben zur Zeit des toten Königs vorgestellte, doppelseitig und in Farbe.

Der Artikel dazu war von dem Autor Hanns Heinz Ewers, dessen Funktion in der Archäologie oder auf anderen Gebieten nicht bekannt gegeben wurde. Man erfuhr nicht, inwieweit Ewers auf dem Gebiet der Ägyptologie kompetent war. Sein Artikel trug den Titel:

„Als Tutanchamun begraben wurde"

Die Einbalsamierung wurde als Zeichnung dargestellt. Der Autor ging noch einmal auf die Vorgeschichte des toten Königs ein, Echnaton, seinen Sonnenkult und auf deren Familienverhältnisse.

Danach beschrieb er die Totenrituale im alten Ägypten, die mit Fotos von Grabbeigaben untermauert wurden. Interessanterweise griff er auch auf einheimische Schätze zurück, denn hier sah man ein Relief aus dem Berliner Museum, das einen Leichenzug zeigte.

Als eines der Highlights war ein Foto des Siegels am großen Schrein im Grab Tutenchamuns zu sehen, etwas, das in keiner anderen deutschen Zeitschrift erschienen war.

Der zweite Artikel, wieder von Dr. Walther Wolf, beschäftigte sich mit der Grabkammer des Pharao. Drei Fotos der Schreine in der Sargkammer waren zu sehen.

Wolf begann seinen Artikel mit einem Lob, das so vorher auch noch nicht zu lesen gewesen war, aber nicht dieselbe Absicht verfolgte, wie die *Times* sie hatte.

„Man kann den Ausgräbern nicht dankbar genug sein für die Umsicht und Sorgfalt, mit der sie sich ihrer Aufgabe unterzogen."

Das kann man wohl als wahre Anerkennung unter Kollegen betrachten.

Er ging auf die Probleme der Bergung ein, wie fragil diverse Funde waren, so dass sie gleich einer chemischen Behandlung unterzogen werden müssten. Der

Autor war glücklich und stellte fest, dass man der heutigen Wissenschaft gratulieren könne, dass der Fund nicht ein paar Jahrzehnte früher gemacht worden war.

Er beschrieb anschließend das Vorgehen der Ausgräber und auch das Problem mit den Grabräubern in antiker Zeit in diesem Grab. Denn Wolf berichtete, dass die Türen nach einem Raubversuch wieder neu versiegelt worden waren. Da auf den Siegeln der Name des übernächsten Nachfolgers von Tutenchamun gestanden hatte, nahm Wolf an, dass die erste Plünderung schon wenige Jahre nach dem Begräbnis des Pharao stattgefunden haben müsse. Weiterhin versuchte er dem Leser plastisch die Entdeckung der Schreine, der „goldenen Mauer", zu schildern.

Dass die Grabungssaison beendet war und im Jahre 1923 wieder aufgenommen werden würde, stand ebenso in dem Artikel, wie auch ein Hinweis auf einen neuen Artikel in der *Woche*.

„Da die Jahreszeit schon stark fortgeschritten war, machte man an dieser Stelle Halt, vermauerte die Grabkammern wieder und begann im November 1923 die Fortsetzung der Arbeiten. Was diese zutage förderten, soll in einem späteren Aufsatz geschildert werden."

In dieser Ausgabe stand der Verweis auf das Copyright der *Times* kurioser Weise erst am Ende des Artikels.

Die Nummer zwölf der *Woche* war die fünfte „Tutanchamon-Nummer" auf der Titelseite groß sichtbar war die Überschrift des Artikels:

„Die Rache des Pharao" von Hanns Heinz Ewers.

Die Ruhe der Toten werde nicht zuletzt durch die Massen von Touristen gestört, die in das Tal eingefallen waren, schrieb er. Ein Foto dieser Besucher leitete den Artikel ein. Die Weltpresse war immer noch in großer Aufregung über den geheimnisvollen Tod von Lord Carnarvon, dem Entdecker des Grabmals Tutanchamuns. Jetzt noch, viele Monate später, wollte man sich nicht beruhigen.

Auch die *Woche* beschäftigte sich mit dem Fluch. Auf einer ganz anderen Ebene aber als die anderen Zeitungen, blieb die *Woche* ihrer Linie treu, solch ein Sensationsjournalismus wie ihn die übrige Presse zelebrierte, war hier nicht zu finden. Ewers fragte sich:

„Was bedeutet für amerikanische Blätter beispielsweise die Ruhrbesetzung? Drei bis zehn Zeilen täglich. Aber die giftige Fliege, die dem Leben des englischen Lords ein Ende setzte, surrt täglich über wenigstens eine große Spalte und ist in seitenlangen illustrierten Artikeln das Entzücken der Leser der Sonntagsbeilagen."[130]

Er mokierte sich über die angeblich Wissenden, wie Sir Conan Doyle und andere, die zu diesem Thema Interviews gaben. Ewers tat die Fluchgeschichte als puren Okkultismus ab und forderte den Leser auf, die Vernunft solle triumphie-

---

130 *Die Woche*, Nummer 12, vom 22. März 1924, S. 281

ren. Allerdings versuchte der Autor realistisch zu denken. Er wolle es nicht ganz abtun, dass es doch Dinge gäbe, die man nicht erklären könne. Immer wieder versuchte er mit wissenschaftlichem Hintergrundwissen, die Fluchtheorie zu widerlegen. Er behauptete aber trotzdem, dass die ägyptischen Priester bei manchen Gräbern noch ein anderes Mittel zur Sicherung angewendet hätten, das den Grabräubern unter Umständen einen empfindlichen Denkzettel geben könnte, Gift. Aber wirklich giftig seien die wenigsten Insekten. Die Vernunft versuchte zu siegen und auch die wissenschaftlichen Erklärungen. Beides ging hier Hand in Hand und der Fluch wurde Teil der rationalen Ansichten des Autors. Er schrieb:

> „Wie nun, wenn die kleine, goldgrüne, geheimnisvolle Fliege von dem Gifte, das irgendwo an dem Grabmalstor des Königs angebracht war, genascht und mit diesem Gifte Lord Carnarvon den tödlichen Stich versetzt hätte? Könnte man dann nicht wirklich von einer „Rache des Pharao" reden? Ich denke, man kann es. [Das Gift hat] seine Schuldigkeit getan; in ihrem Sinne ist die geheimnisvolle Fliege ganz gewiss die Rächerin des Toten. Und darum meine ich, haben die Unrecht, die nichts anerkennen als den gesunden Menschenverstand! Und die Mystagogen aller Sorten habe wirklich Recht, wenn sie von einer „Rache des Pharao" sprechen!"[131]

Dass der Autor der Linie der *Woche* wirklich so treu geblieben war, kann man anhand dessen nicht mehr sagen. Ewers wunderte sich zwar, warum niemand über Weltpolitik schrieb, die viel wichtiger sei, spekulierte aber selbst über den Fluch.

Dieser Erklärungsversuch, der sagte, dass es mehr gäbe als man zu glauben vermochte, war mit Fotos aus dem Ägyptischen Museum in Berlin bebildert. Außerdem zeigten Bilder einige Auffindungen aus Amarna, aber auch die Ausgräber im Tal, beim Verpacken der Funde.

Der zweite Artikel, wieder von Walther Wolf, war durch ein doppelseitiges Bild, eine Zeichnung in Farbe von dem Sarkophag und seinen inneren Särgen, von dem Fluchartikel abgeteilt. Dieser folgende Artikel war ausschließlich mit Fotos von Funden aus dem Museum in Berlin komplettiert. Sie bildeten Statuen und Reliefs ab, man sah auch zwei Fotos aus dem Palast in Amarna.

Das Recht an diesen Bildern hatte das Ägyptische Museum in Berlin und nicht die *Times*. Somit war es leichter solche Bilder zu verwenden und sicher auch billiger, um einen Artikel, der sich „Echnaton - ein religiöser Schwärmer auf dem Pharaonenthrone" nannte, zu illustrieren.

Echnaton, der berühmte Vorgänger von Tutenchamun, musste dem Leser zuerst auch nahe gebracht werden, das vermochte dieser Artikel. Kein Wort über Tutenchamun und sein Grab war zu lesen, keines über die Ausgräber oder ande-

---

131 ebd. S. 283

res. Hier wurden dem Publikum Hintergrundinformationen vermittelt, eine Einführung in das Fach Ägyptologie und in die Amarnazeit.

Da keine Fotos verwendet wurden deren Copyrights bei der *Times* lagen, fehlte auch der Hinweis auf die Urheberrechte. Es war das erste Mal, dass in der *Woche* nur Hintergründe vermittelt wurde, was Tutenchamun und seine Zeit anging.

„Am Sarge Tutanchamons" war die Überschrift des ersten Artikels in der Ausgabe Nummer dreizehn.

Der Beitrag stellte die Fortsetzung des Berichts von Walther Wolf dar, die er in Heft Nummer zehn angekündigt hatte. Er beschrieb die Grabungssaison, die im Herbst 1923 begonnen hatte, wie die Schreine abgebaut worden waren, ihre Anordnung und was sich dazwischen befunden hatte.

Dazu gab es Fotos von der, auf dem Bild noch nicht ausgeräumten Vorkammer, Fotos von Funden in der Schatzkammer, dem Sargdeckel, den Ausgräbern beim Öffnen der Schreine und bei der Arbeit an ihnen.

Das Copyright der *Times* war am Ende des Berichts zu finden. Danach wurde der Leser wieder ins Reich des alten Ägypten entführt.

„Am Hof des Pharao" beschrieb das Leben des antiken Adels in dem Land am Nil, ein kurzer Abriss der Geschichte, wann und wo war die Hauptstadt des Landes, was taten die Beamten dort und so weiter.

Von den Funden im Grab des Tutenchamun konnte man gut auf die täglichen Beschäftigungen der adligen Menschen schließen, hieß es.

Daneben waren immer wieder Abbildungen von einmaligen Gegenständen aus dem Grab zu finden: Schmuck, Fliegenwedel, Musikinstrumente, Alltagsgegenständen wie Körbe, Stücke der Kleider des Königs und Möbel.

Der letzte Artikel in dieser Nummer wollte dem Leser die ägyptischen Hieroglyphen näher bringen. Der Autor versuchte darzustellen, wie sich die Schrift entwickelt hatte und wie sie umgesetzt wurde. Man bemerkte sofort den fundierten wissenschaftlichen Hintergrund. In faszinierend kurzen Worten, der Artikel war nur knapp drei Spalten lang, wurde einfach und klar die Hieroglyphenschrift erklärt. Unterstützt wurde der Inhalt mit Bildern der Mumie und des Sarges von Ramses I. und dem bedeutenden Tempel eines Nachfolgers Ramses III. Was das nun mit den Hieroglyphen zu tun hatte, konnte man nicht sagen, aber es sah beeindruckend aus.

Die *Woche* benutzte den aktuellen Grabfund in Theben-West, um dem Publikum die Ägyptologie schmackhaft zu machen. Alle Artikel waren wissenschaftlich fundiert oder hatten wenigstens diesen Anspruch und faszinieren durch Fotos und Zeichnungen vom Totenkult im alten Ägypten. Sogar Rekonstruktionen von dem Tempel Medinet Habu, dem schon angesprochenen Totentempel von Ramses III., waren zu finden.

VII 2. Die Gartenlaube

In einer Zeitschrift für Gartenfreunde, in *„Die Gartenlaube"*, Nummer 22, konnte man im Mai 1924 eine interessante Anzeige lesen. Wichtig zu wissen: diese Zeitschrift war auch ein Produkt des Scherl Verlages, wie die *Woche*.

Unter einem Artikel „Für Blumenfreunde", der sich mit Alpenveilchen beschäftigte, fand man eine Anzeige für das Sonderheft der *Woche* über Tutanchamon. Soeben erschienen und in allen Buchhandlungen oder direkt beim Verlag zu beziehen, war dort zu lesen.

Das Sonderheft wurde damit beworben, dass über einhundert Abbildungen enthalten seien würden, sowie authentische Fotografien und Zeichnungen auf acht dreifarbigen Kunstblättern. Das ließ darauf schließen, dass es hier nur Zeichnungen oder abgezeichnete Fotos geben würde. Dem war zwar nicht so, aber wer wusste es schon, vielleicht hatte man die Situation, die Urheberrechte der *Times* beim Druck der *Gartenlaube* noch nicht einschätzen können. Letztlich waren ja wirklich erstaunliche Bilder und Fotos in der Sonderausgabe zu finden.

In der Werbeanzeige wurden neben der Abbildung einer Statue Tutenchamuns, auch die Artikel und die Autoren aufgezählt, die in dem Heft erscheinen sollten. Die Anzeige füllte beinahe eine halbe Seite.

Die Verlagspolitik stellte sich damals so dar, dass in vielen Zeitschriften von Scherl, eine Anzeige für das Sonderheft der *Woche* zu finden gewesen war. Hier wurden nun auch die Laubenpieper auf das Heft aufmerksam gemacht.

VII 3. Das Sonderheft der *Woche*

Der Titel des Sonderheftes der *Woche* war „Tutanchamon, Sonderheft der *Woche*". Das Titelbild zierte eine Abzeichnung eines Uschebti[132] aus dem Grab des Pharao.

Das Heft war fünfundsechzig Seiten stark, auf denen verschiedene Artikel und Bilder, sowie Fotos zu sehen waren. Teilweise konnte man auch Werbung finden, die dem Inhalt des Heftes angepasst war, beispielsweise Werbung für Funk- und Fernmeldeapparate im ägyptischen Stil oder Anzeigen für das soeben erschienene Buch von Carter und Mace über die Entdeckung des Grabes, mit Bestellschein.

Auf der Innenseite des Umschlages fand sich ein Hinweis, der für das gesamte Heft galt und daher an dieser Stelle stand.

„Alle Rechte vorbehalten, auch das der Übersetzung. Copyright 1924 by August Scherl G.m.b.H. Berlin SW68. Photographien: The „Times" World Copyright. Photograph by Mr. Harry Burton, of the

---

132 Uschebtis sind kleine Helfer für das Jenseits. Dieser trägt die Züge Tutenchamuns. Wenn der Tote im Jenseits zur Arbeit aufgerufen wurde, sollten diese Figuren an die Stelle des Verstorbenen treten und die Arbeiten verrichten.

Metropolitan Museum of Art, New York, Expedition. Lent by Courtesy of the Trustees and the Director of the Egyptian Department."[133]

Zu den verwendeten Bildern und Fotos ist zu sagen, dass es sich hier um Fotos von Burton handelt, von Funden, den Ausgräbern bei der Arbeit und vom Tal, die teilweise, nicht alle, schon in den anderen Ausgaben der Woche erschienen waren.

Dieses Sonderheft stellte eine Zusammenstellung der Fotos dar, die die *Woche* erworben hatte, wie es in der Ausgabe, die sich zuerst mit Tutenchamun beschäftige, stand. Daneben konnte man aber auch doppelseitige farbige Zeichnungen finden. Sie illustrierten, wie man sich das Leben zu dieser Zeit vorzustellen hatte. Diese Zeichnungen waren neu im Sonderheft der *Woche* und vorher noch nicht abgedruckt worden.

Die *Woche*, bekannt für ihre wissenschaftlichen Ägyptenartikel, meist von Ägyptologen und anderen Experten geschrieben, behielt ihre Linie in dieser Sonderausgabe bei.

Der erste Artikel „Pharao Tutanchamun und sein Grab" war von Prof. Dr. Roeder, Museumsdirektor aus Hildesheim. Er begann mit der Popularität des Pharao. Treffend bemerkte er:

„Niemals ist der Name eines Pharao so schnell berühmt geworden wie der des Tutanchamon. Vor drei Jahren nur dem engen Kreis der Fachgelehrten bekannt, heute in aller Munde. Selten hat überhaupt eine Frage aus der Geschichte des Altertums weite Kreise der Öffentlichkeit so ergriffen, wie das Grab des Tutenchamon."

Das war eine qualifiziert klare Einschätzung der Situation, die wohl auch die Existenz dieses Sonderheftes ein wenig rechtfertigte.

Danach erklärte Roeder die historischen Umstände zu Lebzeiten des jungen Pharao und seine Abkehr von Echnatons Gott Aton zurück zum Gott Amun, Tutenchamuns religiöse Entwicklung, bis hin zu seinem Tod. Dann endlich ging Roeder auf das Grab ein, auf die Lage und die Ausgrabung von Carter.

Roeder beschrieb die Arbeiten in der Vorkammer und die Öffnung der goldenen Schreine. Das erste Mal wurde auf die Probleme mit der Regierung eingegangen, während der Autor die Öffnung des Sarges darlegte.

„Der Deckel wurde hoch gewunden, und zitternd vor Erregung sahen die wenigen Anwesenden in den Sarg. Das Gold des Gesichts soll wie eine Arbeit von gestern geglänzt, die Blumen frisch ausgesehen haben. Da unterbrach ein Zwischenfall die Arbeit. Schwierigkeiten zwischen Mr. Carter und der Verwaltung der Altertümer des Ägyptischen Staates waren ernst geworden. Vergeblich suchte man sie durch einen Vertrag zu beseitigen. Sie kamen erneut und schwerer wieder und Mr. Carter stellte die Arbeit ein, als die ägyptische Polizei das Grab be-

---

[133] Sonderheft der *Woche*, 1924

setzt hatte. Die Regierung antwortete mit der Entziehung der Erlaubnis zur Grabung im Tal der Könige. Mr. Carter erhob Klage auf Herausgabe des Grabes."

An dieser Stelle wurde in dem Sonderheft der *Woche* auch auf die Schließung des Grabes eingegangen. Dazwischen fand man Fotos der Funde, die mit dem Artikel nichts zu tun hatten. Sie waren für sich selber erklärt und boten einen schönen, passenden Rahmen. Sogar ein Bild von Nofretete, die Büste aus dem Berliner Museum, war zu sehen.

Der nächste Artikel, vermutlich vom selben Autor, da nicht explizit ein anderer Name darunter stand, ordnete den Fund und seine Bedeutung ein, übertitelt mit „Die archäologische Bedeutung des Grabes."

In einer der vorherigen Ausgaben der *Woche* schon ein wenig angesprochen, wurde der Leser hier in Kenntnis gesetzt, was der Fund für die Fachwelt bedeutete. Erstaunlich war, dass die *Woche* ja kein ägyptologisches Fachblatt war. Daher war umso interessanter zu sehen, dass hier wissenschaftliche Einschätzungen standen. Bis dahin war so etwas in keiner anderen Zeitung zu finden, die keine Fachleserschaft hatte. Der Autor schätzte den Fund so ein:

„Die Wichtigkeit der Entdeckung und die Bedeutung der Fundstücke im Grabe [...] ist gelegentlich so unbegrenzt angehoben worden, daß nichts ihm gleichzukommen schien. Andere Beurteiler haben dämpfen zu müssen geglaubt und recht herbe Worte der Minderung des Wertes gefunden. Die Wahrheit liegt in der Mitte [...]."

Er beschrieb weiter einige Funde, die auch gleich daneben abgebildet waren. Allerdings machte der Verfasser auch klar, dass der Fund geschichtlich nicht zu hoch einzuschätzen sei, da es keine Papyrusfunde gäbe. Die wichtigste Bedeutung war die der Religionsgeschichte, die man hier gut dokumentiert sah.

Der Artikel endete mit einer Hoffnungsbekundung. Die Fachwelt hoffe auf eine wissenschaftliche Veröffentlichung der einzelnen Stücke, um selbst Auswertungen machen zu können.

Der Beitrag „Die Blütezeit des alten Ägypten" von Dr. Walther Wolf folgte. Hier beschäftigte sich der, den Lesern der *Woche* schon bekannte Ägyptologe mit der antiken Zeit allgemein, stellte dar, wie reich der Adel gewesen war und wie die Politik damals aussah. Wolf ging auch auf das Kunstgewerbe ein, das mit Fotos von Möbeln aus dem Tutenchamungrab untermauert wurde.

Der folgende Bericht von Hanns Heinz Ewers, der sich mit der Rache des Pharao beschäftigte, war identisch mit dem Artikel in Heft Nummer zehn der *Woche*. Der Artikel war mit anderen Fotos vervollständigt, sonst wurde er haargenau und wortwörtlich übernommen.

Dr. Rudolf Hanslian löste danach eine interessante Kontroverse aus. Mit seinem Artikel „Ägyptische Gifte" erschien etwas Erstaunliches. In ein und derselben Ausgabe, sogar hintereinander, diskutieren Wissenschaftler über den Fluch. Ewers schrieb davon, dass eine Fliege vom Gift, was im Grab war, genascht hätte und dann den Lord gestochen habe und somit umbrachte. Hanslian widersprach ihm, nicht nur vom wissenschaftlichen Standpunkt aus.

Der Autor zeigte zuerst die Zusammenhänge zwischen dem Tod von Carters Vorgänger Davis, dem Tod des Lords und einer Erkrankung Carters auf. Wider Erwarten sprach er dem Fluch kaum etwas ab. Er sagte aber, dass die Umstände dieser Vorfälle schon merkwürdig seien, gehüllt in ein Gewebe der Romantik des Orients. Aber es war nichts Übernatürliches was den Tod verursachte, es wären Mörder gewesen. Um diesen Schleier zu lüften, müsse man sich auf das Gebiet der wissenschaftlichen Kriminologie begeben, schrieb er.

Diese angenommenen Mörder müssten sich Mittel bedient haben, die eine Pharaonenrache vermuten ließen. Er beschrieb im Folgenden, dass es im Orient Gifte gäbe, die der modernen Wissenschaft in Wirkung und Zusammensetzung noch unbekannt seien. Die Wirkung könne schnell oder langsam eintreten. Interessant war, wer und wie, seiner Meinung nach, den Lord umgebracht hatte:

„Vermutlich wird der Mörder, der dem Lord den todbringenden Stich mit einer derartig vergifteten Nadel zugefügt haben dürfte, in den nationalistischen Kreisen Ägyptens zu suchen sein, eine den Engländern bereits bekannte Tatsache, die von ihnen aber aus politischen Gründen geheim gehalten wird."

Er sah seine These, seine Indizienbeweise als bestätigt, denn er schrieb weiter, dass sich Carter von seiner Krankheit erholt habe und schon weiter graben wolle, aber die ägyptischen Behörden, die Nationalisten, würden ihm die Ausgrabung verbieten. Das Beweismaterial für seine These habe sich somit vervollkommnet.

Seine Beweise sprachen dagegen, dass es eine Fliege war, denn wieso waren die unzähligen Helfer verschont geblieben? Eine interessante Beweisführung eines Wissenschaftlers, der, durch seine ausführlichen Kenntnisse in den Wirkungen von Giften, vermutlich Chemiker war. Leider wurde in dem Artikel nicht weiter darauf eingegangen, welches Fach Hansilan vertrat.

Er räumte den Fluch hier keineswegs aus. Hansilan sagte nur, dass nationalistische Ägypter die Mörder des Lord Carnarvon gewesen waren.

Am Ende folgte eine genaue Darstellung, wieso es nur organische Eiweißkörper mit begrenzter Haltbarkeit gewesen sein könnten, die als Gifte durch fremde Hand dem Lord zugeführt worden waren. Schließlich hätte man an tausendjährigen Mumien Versuche durchgeführt, die seine Aussagen bestätigten.

Wissenschaftler und der Fluch in der *Woche*: Was zuerst wie eine Kontroverse aussah, wurde nun zu einer anderen Erklärung des Todes des Lords. Niemand aber räumte mit dem Fluch und seiner Mystik richtig auf.

Die zwei folgenden Artikel waren wieder von dem Ägyptologen Dr. Walther Wolf, wie man am Ende des zweiten lesen konnte. Sie beschrieben einmal die „Tracht im alten Ägypten", ein Artikel, der sich mit der Mode und der Kleidung damals beschäftigte, ausgehend von den Grabfunden. Der zweite Bericht handelte von „Ägyptischer Götterverehrung".

Die Anerkennung für die großen Fertigkeiten der Künstler war deutlich zu bemerken, denn Wolf beschrieb in dem Artikel die Mode, dass die Ägypter Sandalen trugen. Aber eine Kultur, so alt und lange untergegangen, war in der Lage, aus diesem einfachen Schuhwerk ein Kunstwerk zu machen. Das würden die reich verzierten Sandalen aus dem Grab verdeutlichen.

Der ganze Artikel fußte auf den Funden. Der zweite Bericht zwar auch, er lieferte aber wieder Erklärungen und Hintergründe, die den Leser tiefer in die Materie führten. Die Entwicklung der Lokalgötter vorweggenommen, kam er schnell zu Echnatons Gott Aton und Tutenchamuns Abkehr von diesem Gott. Wolf ging dabei auch auf Tempelbauten ein, die zu Ehren Amuns errichtet wurden. Er stellte den Götterkult kurz dar: Opferzeremonien und Götterfeste. Wolf beschrieb diesbezüglich auch den Hochmut der Priesterschaft. Ein interessanter, ausführlicher und gut zu lesender Beitrag eines Wissenschaftlers an Leser, die kein Fachpublikum darstellten.

Natürlich stützten sich alle Artikel auf die Ereignisse im Tal der Könige, das wurde aber kaum erwähnt. Lediglich im ersten Artikel erfuhren die Leser mehr über die Ausgräber, ihre Arbeiten und Probleme. Des Weiteren gingen die erstaunlich gut erklärten Artikel von den Tutenchamun-Funden aus, wurden aber beinahe eine Werbung für die Ägyptologie und erklärten Hintergründe und Zusammenhänge.

Auf Seite fünfzig des Sonderheftes schloss sich ein Artikel an, der sich auf Echnaton, den ketzerischen Vorgänger Tutenchamuns bezog, ebenfalls von Dr. Wolf verfasst, hieß er: „Echnaton, ein religiöser Schwärmer auf dem Pharaonenthron."

In der Heftnummer zwölf der *Woche* erschien bereits ein solcher Artikel. In der Sonderausgabe war er teilweise wortwörtlich übernommen, an manchen Stellen zusammengefasst, teilweise umgeschrieben oder ausführlicher.

Man könnte diesen Artikel im Sonderheft als eine überarbeitete und mehr ins Detail gehende Version des ersten betrachten. Das Sonderheft entwickelte sich, hier besonders, zu einem Journal, einem Fachblatt, das zwar keine Vorkenntnisse verlangte, aber sehr großes Interesse vom Leser erwartete. Ähnlich wie bei dem Artikel in Heft Nummer zwölf, waren die benutzten Bilder Fotos von Funden aus Amarna, die in Berlin ausgestellt waren.

In Heft Nummer dreizehn der *Woche* auch bereits erschienen und erklärt, folgte nun in dem Sonderheft ein langer Artikel über die Hieroglyphen und deren Entzifferung. Der Ingenieur Luedecke aus Berlin, so in der Überschrift, wollte erklären, wie man Hieroglyphen las. Der Leser wurde nicht nur informiert, er bekam auch einen Sprachkurs.

Luedecke ging kurz auf die Entwicklung der Schrift ein und kam gleich danach zur Erklärung an die Leser, wie was entziffert wurde. Er beschrieb Ein- und Zweikonsonantenzeichen, die auch abgebildet waren, daneben stellte er Wörter, Zahlen und Determinative dar und bezeichnete sie genau. Der Artikel zeigte aber leider nicht, wie die „Heiligen Zeichen" das erste Mal enträtselt wurden. Es wurden vom Autor Kenntnisse beim Publikum vorausgesetzt.

Ein aufschlussreicher, aber leicht überfordernder Artikel für den, der mehr über Tutenchamun wissen wollte.

Der letzte Artikel, ebenfalls von Luedecke, beschäftigte sich mit dem größten Geheimnis in Ägypten, mit den Pyramiden. Wenn man schon einmal dabei war, dachten sich die Redakteure der *Woche*, wieso holte man dann nicht zum Rundumschlag aus und brachte dem Leser auch das näher.

„Die alten Ägypter als Mathematiker", lautete die Überschrift.

Die Fotos der Pyramiden, Skizzen der Draufsicht und Berechnungsskizzen, waren in der *Woche* neu. Theorien zum Bau wurden aufgestellt und die Präzision, mit der diese riesigen Gebäude aus Stein errichtet wurden, faszinierten Autor und Konsument gleichermaßen.

Zusammenfassend muss gesagt werden, dass durch das *Times*-Monopol und der bis zum Erscheinungsjahr noch anhaltenden Informationslücken, die die anderen Zeitungen und Zeitschriften gegenüber dem Monopolhalter hatten, ihnen nichts anderes übrig blieb, als Wissenschaftler zu bemühen und Hintergrundinformationen zu vermitteln. Zwar hatten das die *Times* und andere Zeitungen zu Beginn der Entdeckung des Grabes auch gemacht, aber nur um die Ausgräber zu unterstützen und ihnen Kompetenz zu bescheinigen. Die Beweggründe der *Woche* waren ganz andere. Es blieb dieser Zeitschrift nichts anderes übrig, da sie durch die Urheberrechte der *Times* stark eingeschränkt wurde.

Der Erwerb der Rechte, um die Fotos abzubilden, war sicher schon ein großer Aufwand. Man kann der Redaktion der *Woche* dankbar sein, dass sie sich nicht wie andere auf Sensationsjournalismus eingelassen hatten und sogar versuchten, den Fluch wissenschaftlich zu begründen. Allerdings muss man anmerken, dass der Leser der Sonderausgabe der *Woche* nicht allzu viel über die aktuelle Situation im Tal der Könige erfuhr. Allein im ersten Artikel waren die Probleme mit der Regierung, in einem tangentialen Abriss zu finden. Das wurde in dem zweiten Fluchartikel aufgenommen, in dem Dr. Hanslian die Theorie vertrat, dass Lord Carnarvon von Nationalisten ermordet wurde.

In dem Erscheinungsjahr der Sonderausgabe, 1924, änderte sich manches. Das Grab wurde geschlossen, das Monopol der *Times* nach der Wiedereröffnung aufgehoben.

Es war beeindruckend zu sehen, was eine Redaktion machen musste, wenn sie ein Sonderheft nur über Tutenchamun herausgeben wollte und keine aktuellen Informationen hatte. Sie konnten auf vergangene Ereignisse der Grabung und auf Funde eingehen und mit der Hilfe von Wissenschaftlern viele Hintergründe vermitteln, die Gegenstände einordnen, oder sie zum Anlass weiter führender Erklärungen nehmen. Was das anging war die *Woche* wissenschaftlich fundiert, auch wenn einige der Leser teilweise überfordert wurden. Es war eine erstaunlich interessante und informative Sonderausgabe, ohne die Spuren von Sensationsjournalismus oder Öffentlichkeitsarbeit für die Ausgräber.

VIII. Ereignisse nach 1925

VIII 1. Die Presse und die Mumie

Alle Funde, die Carter 1925, also nach der Wiedereröffnung machte, sorgten für durchgehend sensationelle Schlagzeilen in allen Zeitungen, auch in der *Times*, wenn auch nicht mehr exklusiv.

Die Särge waren geöffnet, nun konnte sich Carter an das Auswickeln der Mumie machen und das löste wieder einmal sehr heftige Debatten aus. Die Zeitungen wurden mit Leserbriefen überschwemmt, wie etwa die *Times*. Es gab viele Menschen, die zu hoffen wagten, nachdem die berechtigten Ansprüche der Wissenschaft und Archäologie befriedigt worden seien, es möglich wäre, die ergreifenden Zeugnisse derer, die mit vielen Gebeten und Tränen zur ewigen Ruhe gebettet wurden, wieder in das Grab zurückzubringen. Das war einer der harmlosesten Briefe.

Die Mumie zog weite Kreise. Auch König George sandte, laut einem Reporter von Pulitzers *World*, eine Botschaft an die ägyptische Regierung, dass die Mumie im Grab bleiben solle. Der *Star* betrachtete daraufhin ganz nüchtern die Situation der Mumie. Eine Lehre könne man aus all dem ziehen, dass die Verbrennung der Einbalsamierung vorzuziehen sei, wenn so ein armer alter König wünschte, dass seine sterblichen Überreste in Frieden ruhen mögen.[134]

Zeitungen hatten schon immer etwas übrig für Mumien. Nicht aber in dem Sinn, dass sie über sie schrieben, die Zeitungen schrieben im übertragenen Sinne auf ihnen. Einige Zeitungen in den USA wurden auf Papier gedruckt, die aus Mumienbinden hergestellt worden waren. Mehrere Zeitungen protestierten gegen dieses Vorgehen, wie das *Albany Journal* und der *Syracuse Daily Standard*. In einem Leitartikel vom 19. Mai 1856 schrieb der *Daily Standard* über einen Kaufmann, der sein Papier aus Mumienbinden herstellte, ob irgendetwas anderes als dieses, das Zweckdenken unseres Zeitalters, den überspannten Materialismus Amerikas, besser kennzeichnen könne?[135]

Und dann regte man sich auf, als Carter die Mumie von Tutenchamun, lediglich aus wissenschaftlicher Neugier, auswickelte. Man hatte sicher Angst, er könnte aus der Mumie etwas wie „Mumia" machen.

Schon im Mittelalter begann der Handel mit dieser Substanz. An sich sollte es reine, pulverisierte Mumie sein, die gegen alles helfe. Alchimisten legten höchsten Wert auf ihre Wirkung. Damit wurden Faszination und Unheimlichkeit gegenüber Mumien geboren, die mit Tutenchamun zurückkehrte.

Man beschwerte sich allgemein, dass Carter die Mumie auswickeln wollte. Es sei unethisch, hieß es vielerorts. Allerdings hätte man sich an Vorfälle im neunzehnten Jahrhundert erinnern sollen. Hier kam es oft zu den beliebten öffentli-

---

134 Vgl. Brackmann, S. 193
135 ebd. S. 65

115

chen Auswicklungen von Mumien, die vor allem in England zelebriert wurden. Selbst auf der Pariser Weltausstellung 1867 war eine Mumienauswicklung die Attraktion unter der Aufsicht von Auguste Mariette, dem späteren Direktor für Altertümerverwaltung in Ägypten.

Bevor aber man endgültig zur Auswicklung der Mumie von Tutenchamun kam, hatte man alle Särge entfernt, im Ganzen waren es drei. Zwei waren aus vergoldetem Holz und einer aus reinem Gold. In ihm befand sich der tote König, bedeckt mit Blumen, Amuletten und einer Totenmaske, ebenfalls aus massivem Gold.

Es ging mehr als ein Raunen durch die Weltpresse, als man alle Särge entfernt hatte und die aus purem Gold gefertigte Totenmaske zu Gesicht bekam. Der erstaunliche Reichtum Ägyptens in der damaligen Zeit stellte selbst die allergrößten Extravaganzen in den Bestattungen von Rom und Byzanz in den Schatten, meldete eine Nachrichtenagentur aus Luxor.

Der Reporter war vermutlich so verblüfft, dass er sich in dem Prunk dieser erwähnten Begräbnisse etwas vertan hatte, denn diese waren bei weitem nicht so prachtvoll und eher als schlicht zu bezeichnen.

Das erste Farbfoto der Goldmaske konnte man dann, am 13. Februar 1926 in der *Illustrated London News* bestaunen. Wieder eine hervorragende Arbeit des Harry Burton.[136]

Letztlich ließ man den König, wieder neu in Binden gewickelt, in dem äußeren der Särge und in seinem Quarzitsarkophag im Grab, wo er noch heute, unter einer dicken Panzerglasscheibe zu sehen ist.

VIII 2. „*Die Woche*" über die Sargeröffnung

1926 brachte die *Woche* einen Artikel zur Eröffnung des Sarges von Tutenchamun. Wenn man bedenkt, dass Carter erst ein Jahr vorher nach seinem Streik begonnen hatte, die ineinander geschachtelten Särge zu untersuchen, war es als schnell zu werten, dass bereits ein Jahr danach die *Woche* einen Artikel darüber brachte.

Die Fotolage schien sich aber nach wie vor etwas anders zu gestalten. Bilder aus der Sargkammer konnten noch nicht gezeigt werden. Ein Bild des inneren Sarges, der ganz und gar aus Gold gefertigt war, war allerdings in diesem Artikel zu bestaunen, zwar nicht in situ, aber er war abgebildet und so auch die Goldmaske. Es schien dasselbe Foto wie aus der *Illustrated London News* zu sein, in dem die Maske das erste Mal zu sehen war.

Zum besseren Verständnis gab man dem Artikel, der wieder von Dr. Walther Wolf geschrieben war, eine Zeichnung bei. Sie illustrierte, wie die Särge ineinander geschachtelt waren. Nach einer Zeichnung von D. Macpherson, der im Übrigen auch alle anderen Zeichnungen angefertigt hatte, die man in deutschen

---

136 Anhang S. 133

Zeitungen fand, konnte sich der Leser ein wenig vorstellen, wie es im Sarkophag ausgesehen hatte.

Für die *Woche* typisch, begann der Artikel mit einer Einschätzung der Lage der vergangenen Zeit.

„Es ist begreiflich, dass sich die breite Öffentlichkeit sehr bald der Angelegenheiten in einer Weise annahm, die häufig wenig geschmackvoll, nicht selten ins Groteske gesteigert war." [137]

Hier nahm sich Wolf die Beiträge vor, die sich mit dem Streik und den Schmähungen gegenüber Carter beschäftigten. Er war aber auch an die Anhänger des Fluches und des Okkulten gerichtet.

Im Folgenden erstaunte er sich selbst über das Fehlen von Expertenmeinungen und Einschätzungen, die in anderen Printmedien wie der *Times*, nicht zum Tragen kamen, ganz anders als in der *Woche*.

„Und es ist andererseits nicht weniger begreiflich, dass sich der enge Kreis der Fachgelehrten angesichts der allzu laut gerührten Reklametrommel der angelsächsischen Presse zunächst zurückhaltend verhielt."

Danach folgten Einschätzungen und Bedeutungen der Funde, im Kontext mit der Regierungszeit des Pharao. Die Abkehr vom Aton wieder hin zu Amun, der sich bei Tutenchamun vollzog, konnte man anhand dieser Funde erkennen. Wolf schrieb, dass die Mengen von Fundstücken aus dem Grab beweisen würden, dass zu Tutenchamuns Zeit noch die besten Traditionen des ägyptischen Kunsthandwerks lebendig gewesen waren. Er bezog sich auf den Wandel der Kunst bei Echnaton, den man im Tutenchamungrab mit der klassischen Tradition vereint fände. Wolf ging aber auch der Frage nach, ob es mehr gäbe, das man über das Leben oder die Politik von Tutenchamun erfahren könne, abgesehen von dem Wert, den die Funde für die Kunst und die künstlerische Entwicklung hätten. Das Grab habe im Wesentlichen nur in einer, dafür aber in einer sehr bedeutungsvollen Hinsicht Aufklärung gebracht, bemerkte er. Es gelang den Anatomen durch Untersuchungen der Mumie des Königs, das von ihm erreichte Lebensalter festzustellen. Der König kam, so schlossen die Experten, mit sieben Jahren auf den Thron, denn er wurde nur 18 Jahre alt. So gesehen könnte er also bei der Wiedereinführung des alten Glaubens unmöglich eine entscheidende Rolle gespielt haben. Die Wissenschaftler müssten sie vielmehr anderen Mächten zuschreiben, so Wolf weiter.

Nachstehend folgte eine Beschreibung der Öffnung der Särge und der Wert des Inneren, der aus purem Gold bestand. Man solle aber nicht vergessen, dass der Kunstwert um einiges höher sei als der materielle, erinnerte der Autor die Leser.

---

[137] *Die Woche*, 1926, S. 319

Auf der nachfolgenden Seite war die Goldmaske abgedruckt, die nach Wolf keinen prunkvollen und überladenen Eindruck mache, sondern eher einen ruhigen und einfachen, wenn auch königlich würdevollen.

In einer Ausgabe der *Woche* von 1927 schrieb Dr. Walther Wolf unter dem Titel „Immer neue Tutanchamon Schätze" noch einmal einen Bericht.

Zu dieser Zeit war Carter damit beschäftigt, alle Dinge aus der so genannten Schatzkammer zu katalogisieren, zu konservieren und aus dem Grab zu schaffen. Diese Kammer rechts neben der Sargkammer, barg viele interessante Dinge, ganz andere als in der Vorkammer. Daher waren auch diese Funde immer noch sensationell.

„Es scheint, als wolle sich das Grab Tutanchamons nimmer erschöpfen und leeren. Immer neue, unerhörte Schätze entsteigen den schmalen Felskammern im Tal der Könige, in deren einer, die Mumie des Pharao heute wieder ruht, nachdem der Wissenschaft mit einer anatomischen Untersuchung Genüge getan ist." [138]

So leitete Wolf seinen Artikel ein und berichtete mit diesen Sätzen unglaublich viel. Die Mumie, wieder neu eingewickelt in Binden, wurde in den äußeren Sarg zurück verbracht, der wieder in den Sarkophag gestellt und mit einer dicken Glasplatte abgedeckt. So blieb der König im Grab.

Danach erläuterte Wolf kurz, dass all die Funde ins Museum in Kairo überführt würden. Dort fülle sich auch Schrank um Schrank mit Schmuck, besonders mit dem, der in der Mumie gefunden wurde.

Wolf ließ die gesamte Geschichte des Fundes und die Eindrücke, die damit verbunden waren, noch einmal Revue passieren.

Die Funde in der Schatzkammer waren für ihn besonders auf den Gebieten der Religionsgeschichte und der Plastik bedeutend. Einen Fund beschreibend, erklärte er gleichzeitig seine mythologische Einordnung. Hier war es eine kleine Statue aus vergoldetem Holz, die den König auf einem Papyrusboot darstellte, der ein Nilpferd harpunieren wollte.[139]

Er ging auch auf andere, bisher noch nie gefundene und ungewöhnliche Plastiken ein, wie etwa auf eine, bei der der König als Kind, auf dem Kopf einer Gottheit saß. All das beleuchtete Wolf und führte den Leser in die Mythologie der alten Ägypter ein, indem er die Funde mit dem Hintergrund dieses antiken Glaubens erläuterte.

Manche Erklärung blieb Wolf dem Leser schuldig, er schrieb daher zum Schluss, dass das Grab einerseits Rätsel über Rätsel bieten würde, andererseits aber auch immer eine neue Bereicherung des Wissens vom Alten Ägypten sei, so dass man auf alles was noch folge, gespannt sein müsse.

---

138 *Die Woche*, 1927, S. 505
139 Mythologischer Hintergrund: Im Glauben der Ägypter sollte der Gott Horus den in ein Nilpferd verwandelten Mörder seines Vaters Osiris, Seth mit einer Harpune erlegt haben. Der König trat hier als Horus, als Retter auf.

Der Artikel war mit Fotos der besprochenen Statuen abgedruckt, sowie einem Foto aus der Schatzkammer.

Ende Februar 1932 hatte Carter die letzten Gegenstände aus dem Grab geborgen und ihre Überführung nach Kairo in das Ägyptische Museum abgeschlossen. Zehn Jahre waren vergangen, seit dem Tag, an dem Carter den bedeutsamsten archäologischen Fund der Weltgeschichte gemacht hatte. Nun war seine Aufgabe beendet, zumindest was die Ausräumung des Grabes anging. Die wissenschaftliche Veröffentlichung der Funde wäre noch eine wesentliche Aufgabe Carters gewesen, die er aber nie realisierte.

IX. Die letzte Times-Notiz

In den frühen dreißiger Jahren verlor die Presse, sogar die *Times*, ihr Interesse an den Entdeckungen im Grab. Plötzlich waren das Grab und sein schon legendärer König nur noch eine Episode der Antike. Es wurden jetzt die kunstgeschichtlichen und archäologischen Aspekte in den Illustrierten besprochen. Nachdem es keine Probleme mehr mit der Regierung gegeben hatte, Carter in Ruhe arbeitete und auch keine kuriosen Besucher mehr ins Tal kamen, gab es nichts mehr zu berichten.

In der *Illustrated London News* konnte man die Entwicklung der kunstgeschichtlichen Bedeutung gut erkennen. Sie veröffentlichte bis Mai 1931 umfangreiche Fotoreportagen mit Farbaufnahmen der Funde und des Grabes.

Eine Randnotiz, die fast ein wenig trotzig wirkte, konnte man am 02. März 1939 in der *Times* lesen. Dort stand nur, Mr. Howard Carters zehnjährige Arbeiten am Grab seien abgeschlossen.

IX. 1.   Carters Nachlass:

Carter schrieb nur diesen, bereits einige Male erwähnten, dreibändigen Entdeckungsbericht. All seine Notizen und Aufzeichnungen über die Funde wurden nie komplett publiziert.

Nach seinem Tod ging alles an seine Nichte, die sämtliche Aufzeichnungen, Skizzen und Karteikarten dem Griffith Institute in Oxford schenkte. Hier entstand das Carter-Archiv, das jedem Ägyptologen offen steht und immer noch auf seine vollständige Publikation wartet.

X. Mit Posaunen und Trompeten

Im Grab fand man zwei Trompeten, eine aus Bronze und eine aus Silber. Diese machten Ende der dreißiger Jahre noch einmal Schlagzeilen.

In einer Notiz von Carter über die Trompeten stand, wenn man sie spiele, würde die Stille im Tal durch einen unglaublichen Klang weggefegt. Er hatte sogar selber versucht, ihnen ein Geräusch zu entlocken. In einem Brief an Lady Carnarvon schrieb er, dass er zwar kein Experte sei, was solche Instrumente anging, aber dennoch Töne herausbekommen hätte.

Die Trompeten überdauerten die Zeiten unbeschädigt, sogar Carters Versuch auf ihnen zu spielen, machte ihnen nichts aus, bis zum April 1939.

Sie erlitten Schaden als sie im April 1939 von einem britischen Armee-Musiker, Bandsman James Tappern von der elften Prince Albert's Own Hussars, gespielt wurden.

Das Radio war jetzt in der Lage, Ereignisse live zu senden. BBC übertrug diese Sensation in die ganze Welt.

Der Musiker war einer der besten Trompetenspieler und meinte dazu, dass das wohl die aufregendste Erfahrung gewesen sei, die er als Trompetenspieler je gemacht habe, aber richtig melodiös hätte es nicht geklungen.

Nicht nur für ihn war es unglaublich. Die Radiohörer von BBC vernahmen ein Geräusch aus der Vergangenheit. Tutenchamun war nach wie vor mystisch und faszinierend für die Menschen.

Es war einen Monat nach Carters Tod, als nach mehr als dreitausendjähriger Ruhe die Posaunen Tutenchamuns ertönten, die im Grab gefunden worden waren.

Von den Anwesenden als schrill und durchdringend beschrieben, konnte man doch in einem übertragenen Sinne sagen, dass die drei kurzen Töne jeder Posaune ein angemessener Abschied waren. Tutanchamuns Abschied an Carter auf Erden und sein Willkommensgruß an ihn in der jenseitigen Welt. Carters Seele, sein Ka, war damit sicher zufrieden gestellt und ausgesöhnt für alles, was beide füreinander getan hatten.

XI. Schlusswort

Das Phänomen der Berichterstattung über die Jahre hinweg, ist auch heute noch, achtzig Jahre später, erstaunlich. Die *Times*, die als PR-Agentur für Carter und Carnarvon unter anderem arbeitete, die Anfeindungen der restlichen Weltpresse gegen Kollegen, den Reporter von der *Times* und gegenüber den Ausgräbern, ebenso wie die unterschiedliche Berichterstattung in den verschiedenen Zeitungen war und ist faszinierend. Niemand hätte sich nach der Entdeckung dieses Grabes, das sich vom heiligen Gral in Pandoras Box verwandelt hatte, solch eine Entwicklung vorstellen können.

Exklusivverträge gibt es heute immer wieder, denke man nur an die vielen Boulevardblätter und an die unzähligen Prominenten, die einzig und allein des Geldes wegen einen solchen abschließen.

In der Welt der Wissenschaft gestaltet sich die Situation heute anders. Die Wissenschaftler wenden sich eher an Fachzeitschriften, um dort ihre Ergebnisse zu publizieren. Sie werden, je nach dem wie groß und bedeutend ihr Fund war oder ist, bestenfalls in Tageszeitungen mit einem Artikel bedacht, der sich unter der Rubrik „Vermischtes" oder „Wissenschaft" finden lässt. Ansonsten hat man nur das Glück, in den schon angesprochenen Fachblättern ausführlichere Berichte über wissenschaftliche Entdeckungen und Funde nachzulesen.

Zurückblickend wurde aber in der modernen Zeit, nie wieder nach 1922, ein solch aufregender und unglaublicher Fund gemacht, wie der des noch unberührten Grabes von Pharao Tutenchamun. Wer weiß schon wie heute die Presse und die Medien reagieren würden, sollte sich ein solches Ereignis, unter den gleichen Umständen wie damals wiederholen.

Durch diesen Exklusivvertrag, der meines Erachtens Stein des Anstoßes war, wurde nicht nur der Ärger, den die Ausgräber mit der Regierung hatten, ausgelöst. Er hatte auch Einfluss auf die Beiträge und Artikel der anderen Zeitungen. Die Ereignisse waren mit den Medien verwoben, das ist als evident anzusehen und viele Pressevertreter mussten aus sehr wenigen Informationen einen umfassenden Bericht fertigen. So kam es unter anderem zu der Fluchttheorie oder zu Spekulationen, die zu Missverständnissen führten und in Anfeindungen gipfelten. Durch diese Begebenheiten kam auch die ägyptische Regierung mit Carter und der Presse zusammen. Nicht nur Politik, auch das Eingreifen der restlichen Weltpresse führte dazu, dass sich die Staatsführung in die Wissenschaft und in die Pressearbeit einschaltete.

Die Medien berichteten umfassend. Sie schrieben aber nicht nur über diese Geschehnisse, manchmal verursachten sie diese auch selbst. Tutenchamun, sein Grab, die Ausgräber Howard Carter und Lord Carnarvon, ungünstige Umstände seines Todes, der zum Fluch verwandelt wurde, waren besondere Ereignisse, Sensationen für die Medien, um darüber zu berichten. Manchmal wurden gleiche Zusammenhänge unterschiedlich interpretiert oder einfach aus verschiedenen Blickwinkeln dargestellt. Die deutsche Zeitung die *Woche* schrieb sachlich, die *New York Times* war anfeindend, manchmal sogar beleidigend und die Londoner *Times* versuchte alles, um die Ausgräber in einem guten Licht erscheinen zu lassen, genoss sie doch das Urheberrecht auf alle exklusiven Informationen aus dem und über das Grab.

Genau genommen kam es so zu einer äußerst umfangreichen Berichterstattung. Jede Zeitung schrieb über jedes Thema, das es in diesem Zusammenhang gegeben hatte: Fluch, Anfeindungen und Kontroversen, bis hin zu wissenschaftlichen Abhandlungen.

Wissenschaft und Medien trafen zu diesem Zeitpunkt, das erste Mal in dieser Art aufeinander. Der Sensationsfund wurde ein Medienereignis. Den Medien selbst könnte man allerdings dasselbe bestätigen. Die Zeitungen berichteten nicht nur darüber, sie waren auch Teil und eine einzelne war vielleicht sogar Auslöser dieser Begebenheiten, die sich zwischen 1922 und 1930 im Tal der Könige abspielten.

Anhang

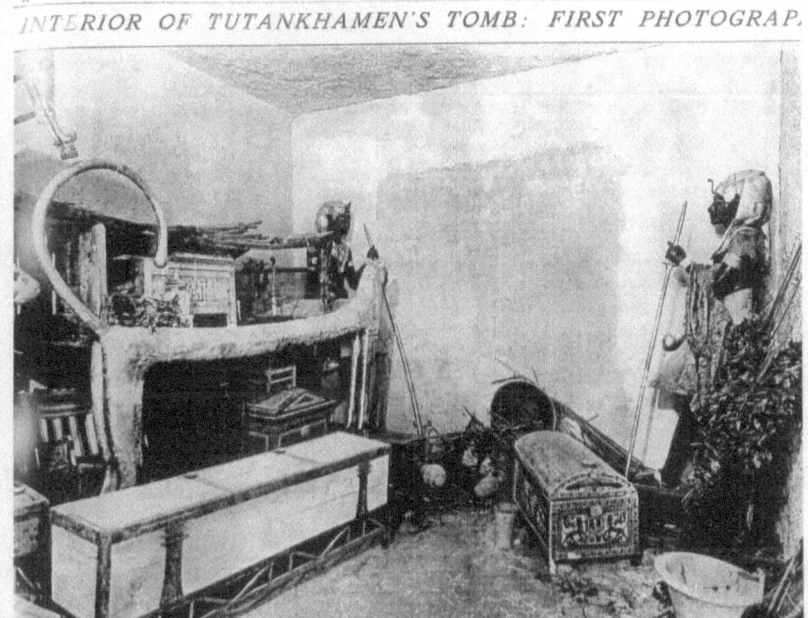

125

ROYALTY PAYS TRIBUTE TO ROYALTY

Queen Elizabeth of the Belgians entering King Tutankhamen's tomb with Lord Carnarvon, Mr. Howard Carter leading the way. Behind Her Majesty is Lady Evelyn Herbert, the daughter of Lord Carnarvon. The man with the white flower in his buttonhole (behind Lady Evelyn) is Lord Allenby, the British High Commissioner for Egypt and the Sudan.

THE SULTANA'S PARTY BEFORE THE TOMB OF TUTANKHAMEN

Eastern and Western womanhood, typified by the Sultana of Egypt, who clings to the enshrouding cloak and veil, and Lady Evelyn Herbert (Lord Carnarvon's daughter), wearing a light straw hat, pay homage to a king whose court must have been as elaborate as that of any modern monarch.

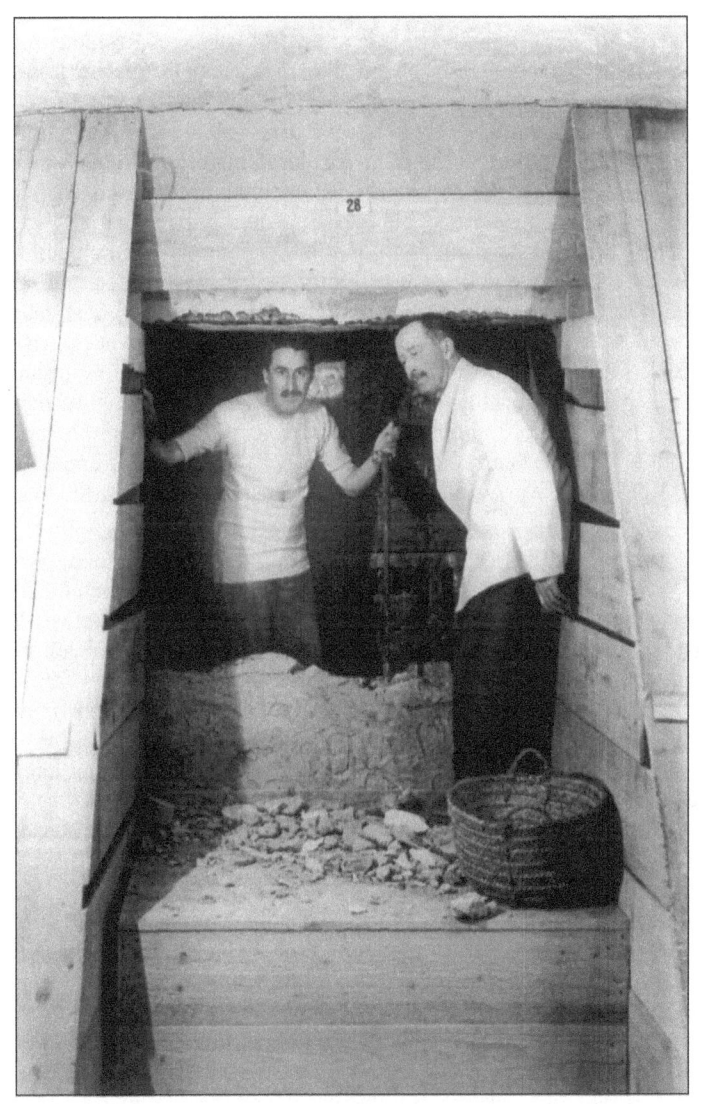

Memorandum

„The contract with The Time was made to protect ourselves from the importunities of Press correspondents, by enabling us to deal with one organisation for world distribution, instead of a large number of individual Press representatives, which would have entailed a great loss of time and interference with the research work. This contract, accepted by the large majority of the world's Press, excited opposition on the part of certain papers, which had and indeed still have, opportunity of taking the service, but which for purely personal reasons refused it. [...] The Contract was made ion good faith, solely with the object of ensuring that the work, on the delicate nature of which it is unnecessary to insist, be carried on with the minimum of interruption and friction. [...] Last year, in our desire to meet the wishes of the Gov., we agreed to allow weekly visits from newspaper correspondents. So far from this concession producing peace, it is a fact that the attacks and insults directed against Lord Carnavon and the members of this staff became more virulent and continued till his Lordship's last breath. [...] In other words, by carrying out your proposal of even a brief daily bulletin you would be aiding a private enterprise and thus acting against the interests of science."

Tottenham meinte zu Carter, dass das nicht genügend überzeugende Worte waren, um die Kritik zu ersticken. Er bat ihn, ein betonteres, nachdrücklicheres Statement abzugeben. Das tat Carter dann auch, in dem er ein etwas längeres und ausführlicheres Memorandum an den Untersekretär Tottenham schickte: „[...] The contract with The Times was made to protect ourselves from the importunities of Press correspondents, by enabling us to deal with one organisation for world distribution instead of a large number of individual Press representatives, which would otherwise have entailed a great loss of time and interference with the research work. [...] The contract with The Times, accepted by the large majority of world's Press and approved by scientific authorities, has excited opposition on the part of certain papers, which had, and indeed still have, the opportunity of taking the service, but which for purely personal reasons they still refuse. Since last year the number of sub- contracts made with The Times by the world's Press has increased, and newspapers which had up to then been in opposition have accepted The Times service this year. It may be most emphatically pointed out that in the agreement it is definitely laid down that there shall be no preference in treatment of any individual paper taking the service, and that the Egyptian Press shall receive the same service free of all charge. The result is that, in fact, official information as to the progress of research work is enabled to be published daily, by all papers contracting with The Times, at one and the same time. The proceeds of the contract are entirely devoted to research work at the tomb, and are thus wholly for the benefit of science, of Egypt and the Egyptian Government. On the other hand, the opposition are entirely self- actuated, their solo object being to break the agreement of the service and to secure material benefit for themselves. The issue of even a brief daily bulletin is not only unnecessary but would also be seriously prejudicial to the service; it would decrease the value of material I am supplying under my agreement; and in acceding to pressure from the opposition in this respect the Government would at once become the supporter of a ventures for purely private benefit and would be acting against the interests of science, since the proceed of my arrangement are, as mentioned, devoted to research work. Further, such an issue as the Government proposes would immediately produce graver trouble, not only with The Times, but also with all the sub- contractors- namely, the papers all the world over taking the service. It would involve a gigantic lawsuit on the score of breach of contract, into which the Government would be most infallibly drawn. It would also mean the absolute interruption and suspension of the whole work for an indefinite period. [...] The question of the right of publicity is therefore, in these circumstances, merely a matter of opinion. [...] Instead of this, it is taking the part of those who throughout have tried to do him harm, who have only a material interest in the matter, and who are a concession for personal profit, what they could have secured without fuss if they had only cared to come into line with the rest of the world's Press and accept a service conducted solely for the benefit of scientific research. [...] Further, last year, in our desire to meet the wishes of the Government, we agreed to allow weekly visits from newspapers correspondents. So far from this concession producing peace, it resulted in the attacks and insults directed against Lord Carnarvon and the members of his staff becoming more virulent and continuing to this day. [...] To protect myself against any such action as the Government might contemplate, I should feel compelled to defended by all possible means myself and the interests which I represent as agent of the late Lord Carnarvon's heirs. May I just say that such a state of things would be a poor recompense for the services I have rendered to the Egyptian Government. [...] In conclusion, and by the way of summarising my remarks, I would point out:- 1. There is no necessity and no justification whatever either in the interest of science or of the public for establishing an additional news service. The information now given is official- that is to say, it is supplied by the excavator himself- and every paper can, and most papers do, obtain and publish that information at one and the same time by arrangement with The Times. 2. It cannot be too strongly emphasised that the arrangement with The Times was entered into in the interests of the work itself. That work being of the most delicate character, it became essential to organise a news service on a regular system. The system adopted was that there should be only one- and that the official- channel of information. [...] a regular official supply of news, involving the minimum of friction and interference with the work and ensuring to the public none but authentic information. 3. Whether or no the Government are entitled to claim the publicity rights in this case is legal question which only the Courts can decide. [...] 5. In the case of Government excavations the Government would naturally be within its rights to supply the Press with information. But in the case of private excavations, carried out with nongovernment funds, the Government has not the right to take from the concessionnaire the results of his work and distribute them promiscuously for sale in the streets."

Literaturliste

Bierbier, M. L., „Who was Who in Egyptology", Third Revised Edition, The Egypt Exploration Society, London, 1995

Brackmann, Arnold C., „Das Grab des Tutenchamun und seine Entdeckung", Gustav Lübbe Verlag GmbH, Bergisch Gladbach, 1978

Breasted, Charles, „Pioneer to the Past – The story of James Henry Breasted", Jenkins, London, 1948

Carter, Howard, „Tut-Ankh-Amen, The Politics of Discovery", Libri Publications Ltd, London, 1998

Carter, Howard, „The Tomb of Tutankhamen", Sphere Books Ltd., Feltham Middlesex, England, 1972

Carter, Howard, Mace, Arthur C. (nur beim ersten Band), „Tut-Ench-Amun - Ein Ägyptisches Königsgrab", F. A. Brockhaus, Leipzig 1924 (1. Band), 1927 (2. Band), 1934 (3. [Schluss] Band)

Frayling, Christopher, „The Face of Tutankhamun", Faber and Faber Limited, London, 1992

Gradiner, Sir Allen, „My working Years", Coronet Press Limited, London, 1962

Hoving, Thomas, "Der Goldene Pharao Tut-ench-Amun", Droemersche Verlagsanstalt Th. Knaur Nachf., München/ Zürich, 1978

James, T.G.H (Texte), Accomazzo, De Fabianis, Manferto (Hrsg.), "Tutenchamun" Karl Müller Verlag, Köln, 2000

James, T. G. H., „Howard Carter - The Path to Tutankhamun", I. B. Tauris & Co. Ltd., London, 2001

Reeves, Nicholas, Taylor, John H., „Howard Carter - Before Tutankhamun", British Museum Publications Ltd., 1992

Reeves, Nicholas, „The Complete Tutankhamun", Thames and Hudson, London, 1990

Romer, John and Elisabeth, „The Rape of Tutankhamun", BCA, England, 1993

Wettengel, Wolfgang, (Hrsg.) „Mythos Tutanchamun," Nördlingen, 2000

Ausstellungskataloge

„Das Ägyptische Museum Kairo - offizieller Katalog", Verlag Philipp von Zabern, Mainz, 1986
„Tutanchamun" Ausstellungskatalog, Verlag Philip von Zabern, Mainz, 1980

Zeitschriften

Die Woche, August Scherl Verlag GmbH, Berlin, 1924 bis 1927
Die Woche Tutenchamun-Sonderheft, 1924,
The National Geographic Magazine, Vol. XLIII, No. 5, Washington, Mai 1923, Seite 461-492

Zeitungen

The Times, London, 1922 bis 1932
Vossische Zeitung, Berlin, 1922
Illustrated London News, 1922 bis 1926
Rottenburger Zeitung, 1922
Saarbrücker Zeitung, 1922
Die Gartenlaube, Berlin, Nummer 22, 1924
Berliner Illustrierte Zeitung, 1924
The New York Times, 1923

The Archive of the London Times

www.ingramcontent.com/pod-product-compliance
Lightning Source LLC
Chambersburg PA
CBHW030828230426
43667CB00008B/1435